CW01632926

dans la tour-
un fils. Elle
vit actuellement près de Boston, entourée de ses animaux. Le récit de son odyssée à travers l'Europe a bouleversé des centaines de milliers de lecteurs.

SURVIVRE AVEC LES LOUPS

MISHA DEFONSECA

SURVIVRE AVEC LES LOUPS

Nouvelle édition

Avec la collaboration de Vera Lee

Avec la collaboration de Marie-Thérèse Cuny pour la nouvelle édition

XO
Éditions

Le Code de la propriété intellectuelle n'autorisant, aux termes de l'article L. 122-5 (2e et 3e a), d'une part, que les « copies ou reproductions strictement réservées à l'usage privé du copiste et non destinées à une utilisation collective » et, d'autre part, que les analyses et les courtes citations dans un but d'exemple ou d'illustration, « toute représentation ou reproduction intégrale ou partielle faite sans le consentement de l'auteur ou de ses ayants droit ou ayants cause est illicite » (art. L. 122-4).
Cette représentation ou reproduction, par quelque procédé que ce soit, constituerait donc une contrefaçon sanctionnée par les articles L. 335-2 et suivants du Code de la propriété intellectuelle.

© XO Éditions, 2005.
ISBN : 978-2-266-17936-2

Ce livre est dédié à la mémoire de mes chers parents, à grand-père, à Marthe ainsi qu'à tous les animaux qui vivent dans mon cœur, afin que le visage de ceux que j'aimerai toujours reste à jamais vibrant de vie.

1

MERCI MADAME

Les passants m'ignorent. Ils ne voient pas que je suis un loup égaré dans la ville. Un loup gris mâle ou femelle, sans nom, sans âge et sans repères dans l'indifférence humaine. Je crains la foule et, les narines frémissantes de dégoût, m'écarte gauchement des gens qui me croisent. Je hais la peau humaine et son odeur de mort.

J'étais une petite fille lorsque j'ai fui leur monde. On m'appelait Mishke, j'étais juive et j'avais sept ans. Ils m'ont rattrapée un jour pour m'envoyer à l'école et puis à la messe avec un chapeau ridicule sur ma tignasse. On m'oblige à porter des vêtements laids et encombrants, des chaussures trop étroites pour mes griffes recourbées accoutumées à la terre humide des bois. On ne voit que mon apparence, laide de souffrance, je suis couverte de plaies et de croûtes, les pieds déformés par ma longue marche à travers leur monde en guerre. J'ai vu la mort partout, connu le froid et la faim plus qu'ils ne sauraient l'imaginer. J'ai vécu parmi les loups, je suis devenue loup moi-même de corps et d'esprit. C'est pourquoi ils ne comprennent pas cette force violente qui m'habite, ce besoin impérieux de mordre si on m'attaque, cette faim que je ne parviens pas à satisfaire, et cette liberté sauvage que je cherche par tous les chemins possibles depuis qu'on m'a enfermée, sans jamais la trouver.

Ce jour-là, dans la ville, je suis sur les traces de mon ancienne meute. Il y a quelque part dans Bruxelles une rue, un petit immeuble triste, un logement poussiéreux et presque vide, où je me cachais sous un lit. J'étais alors une petite fille blonde aux yeux verts. Je reconnais vaguement l'endroit où je passe maintenant, cette ligne de tramway luisante qui emprunte la rue Gallait, la ligne 56 d'un quartier pauvre de Bruxelles. Je vois une école, est-ce celle que j'ai connue, où une femme en noir est venue me prendre par la main, alors que j'attendais mon père ? J'étais assise sur trois marches de pierre grise. Je ne vois pas ces marches, ont-elles disparu ? Ce porche ne me rappelle rien. Il faut bien choisir une piste, je décide de partir de là. En suivant la ligne de tramway, je devrais retrouver la rue de mes parents. Mais il y a trois rues devant moi, deux sont droites et montantes, et l'autre en biais.

Je parcours les trois, le nez levé vers les immeubles, à la recherche d'un indice. L'une des rues est vite éliminée car elle tourne, et ce n'est pas le souvenir que j'en garde. Restent les deux autres. Mêmes immeubles, mêmes balcons partout, façades identiques en enfilade, je vais en choisir une à mi-chemin. Il me semble que l'immeuble était situé au milieu d'une rue, mais il est difficile d'estimer une distance dans mon souvenir. J'étais petite, dix ans se sont écoulés et il est possible que ce soit plus haut, ou bien plus bas... Je remonte encore cette rue lentement, et la redescends sans que surgisse un détail qui puisse m'aider. Le temps passe, et j'ai menti à mes tutrices en prétendant que j'allais à l'école cet après-midi, alors qu'il n'y a pas cours. Depuis quelque temps je jouis de la toute petite liberté consistant à faire seule le chemin de l'école. Je suis supposée rentrer chez elles à une heure précise, on ne m'autorise pas le moindre écart. C'est donc la première fois que je me risque seule en ville à la recherche de mon passé. Il est forcément là, dans ce quartier, quelque part derrière l'une de ces façades, ou celles de l'autre rue, mais je n'ai plus le temps de tergiverser. Ceux qui habitent ici doivent avoir su après la guerre ce qui s'était passé. Alors, au hasard, au beau milieu de la rue, je m'arrête devant l'entrée d'un immeuble. Si ce n'est pas là, on me dira bien quelque chose, d'aller voir en face, ou à côté, ou un peu plus bas. Moi qui ai fait des milliers de kilomètres seule à travers l'Europe en guerre, me voilà perdue sur un territoire minuscule, incapable de distinguer un balcon d'un autre. Si j'étais dans un bois ou dans une forêt d'Allemagne, de Pologne ou d'Ukraine, je saurais retrouver la tanière des loups, l'arbre creux ou la pierre au détour d'un ruisseau. Ici ce n'est pas si simple, et j'hésite devant ces portes identiquement closes.

Bizarrement, j'ai l'impression d'avoir sept ans de nouveau et j'ai peur qu'on me chasse avec mépris, que quelqu'un me claque la porte au nez. Je ne suis plus un loup à cet instant, rien qu'une adolescente maigre et maladroite dont le doigt rongé de cicatrices hésite devant trois sonnettes. Ce n'était pas en bas dans mon souvenir, j'appuie donc sur le bouton du milieu.

Quelqu'un apparaît à ce balcon que j'espère sans vraiment y croire être le mien. Une voix de femme m'interpelle :

— C'est pourquoi ?

— Je voudrais vous parler, s'il vous plaît, madame.

Je crains que mon aspect la rebute car mon visage n'a rien d'avenant – cheveux courts, presque ras, la peau épaissie par les croûtes que je gratte sans cesse et jusqu'au sang parfois... Ma démarche lourde, encombrée de ces chaussures qui ne m'iront jamais... Je recule en levant courageusement la tête, prête à fuir. Mais la femme répond :

— Je descends.

Lorsqu'un être humain inconnu est en face de moi, j'ai encore du mal à m'exprimer, par méfiance, et aussi parce que j'ai trop pris l'habitude de me parler sans ouvrir la bouche. La plupart du temps je ne m'adresse qu'à moi, comme je le faisais durant ces longues années de solitude totale. Alors, devant cette femme, une fois la phrase construite en silence je la ressors d'une traite et sans respirer pour ne pas me tromper.

— Madame, mes parents ont été arrêtés pendant la guerre ici, ils ont été pris avec beaucoup d'autres gens dans la rue, je suppose que c'est dans cette rue, est-ce que vous en avez entendu parler, je voudrais savoir.

— Oui, il y a eu des gens arrêtés dans la rue, mais dans l'autre aussi. Comment s'appelaient vos parents ?

— Je ne sais pas.

— Mais votre nom de famille ? Vous ne connaissez pas votre nom ?

— Je ne sais pas. Maman s'appelle Gerusha et papa Reuven.

La femme me regarde avec étonnement. Je n'aimerais pas qu'elle en demande davantage sur moi, je déteste ce nom que je porte aujourd'hui, qui n'est pas le mien. D'ailleurs, je me fiche éperdument des noms de famille, est-ce qu'un loup a un nom de famille ? Un cheval ou un chien ? Ce « Monique Valle » qu'on m'a collé à la peau ne rime à rien pour moi. Je suis Mishke, c'est tout. Devant mon silence, la femme enchaîne rapidement, pour se débarrasser de moi j'imagine.

— Nous, quand on est arrivés ici on n'a rien trouvé, juste une boîte et des photos éparpillées par terre. Je n'ai pas pu les jeter, ça me faisait mal au cœur, alors mon mari les a gardées quelque part, attendez une minute.

Elle ne me laisse pas entrer, mais elle est tout de même gentille de me parler de photos, et j'ai l'espoir de les voir, alors je ne m'enfuis pas. J'attends devant l'entrée, et mon cœur bat un peu plus vite. Est-il possible que je sois tombée au bon endroit, que je reconnaisse ma mère ou mon père sur ces photos ? Je ne sais même pas s'il y avait des photos dans leurs affaires, il y avait si peu de choses dans ce logement. Aucun meuble à part un lit, où nous dormions tous les trois, une table et des chaises, un fauteuil, les vêtements accrochés au mur, un placard sur le palier où se trouvait un fusil caché derrière les balais. Je l'ai vu, ce fusil, j'en suis certaine. Et aussi mon cheval de bois, Jules. Jules n'était qu'une tête pelucheuse et usée, plantée sur un manche à balai, un vieux jouet d'avant-guerre, et je galopais à califourchon sur ce coursier fougueux dans un monde imaginaire. Il était mon ami, je le reconnaîtrais à la douceur de ses oreilles râpées et même à son odeur s'il était quelque part dans cette maison. J'attends en contemplant la rue qui monte et redescend.

Il y avait un épicier au carrefour, et un cheval qui passait régulièrement devant chez nous, attelé à une charrette, il s'arrêtait juste au coin de l'épicerie. Et le charretier criait : « Ho ! Jules... » pour l'arrêter et « Hue ! Jules... » pour le faire repartir. J'avais donc appelé mon cheval Jules.

Il n'y a pas d'épicerie ici. Pourtant, je suis sûre d'être dans le bon quartier. J'ai entendu dire une fois qu'il fallait se méfier de l'épicier, parce qu'il avait dû dénoncer des gens. La boutique a peut-être disparu après la guerre.

— J'ai ça, voilà, vous pouvez regarder. Si vous trouvez quelque chose, prenez-le.

La femme me tend une boîte de carton gris, sans couvercle, avec des photos en pagaille, des petites, des grandes, et je fouille dans ce désordre avec gêne, mal à l'aise sur le pas de cette porte. Elle attend patiemment, mais je sens qu'elle a hâte de me voir partir, que je dise : « Non, ce n'est pas mes parents, excusez-moi... » ou alors que je choisisse une photo, en la remerciant.

Mais il y en a trop et elle reste là à me regarder soulever le paquet de photos et le trier maladroitement, je ne sais plus quelle attitude je suis supposée adopter devant ces visages et ces silhouettes sur papier noir ou jauni. Il y a beaucoup d'enfants, des adultes aussi qui posent dans des tenues diverses, des groupes de gens ; certains clichés doivent dater d'avant la Première Guerre mondiale. Parmi les plus grands, deux portraits m'attirent : celui d'un homme, simplement parce qu'il est blond avec des yeux clairs comme mon père – il pourrait être son frère. Et une femme qui ne ressemble pas du tout à ma mère. Elle est jolie, mais moins que ne l'était maman, elle sourit en montrant des dents blanches, ses grands yeux sont un peu tristes mais ses cheveux sont courts, au contraire de maman qui avait de magnifiques cheveux noirs ondulés. Elle était si belle, maman. Ce ne sont pas mes parents. Pourtant je vais prendre ces deux photos, parce qu'il y a un homme blond et une femme aux cheveux sombres. Ils ne m'appartiennent pas, mais je les choisis, comme on sortirait des fantômes de l'ombre à la lumière, d'abord parce que cette femme attend que je me décide et aussi pour le symbole. Je ne pose même pas la question de savoir à qui ils sont, et il n'y a rien d'écrit au dos de toute façon. Ce sont des parents oubliés, que l'on a chassés de chez eux, comme les miens, et qui ont dû subir le même sort. Ils me serviront de souvenir visible.

Je vais les cacher pour éviter qu'on me demande des explications, qu'on me les reprenne, qu'on me traite de voleuse, ou pire qu'on ricane de mon obstination à me dire juive et à m'appeler Mishke. Un jour, lorsque je serai enfin libre, je les mettrai dans un cadre pour les accrocher au mur. Et je les regarderai tous les jours, comme s'ils représentaient à eux seuls ma tribu inconnue. Je leur offrirai des fleurs et j'allumerai des bougies, comme le faisait maman les soirs de fête juive.

— Je prends ça, madame.

— Ah, bien, je suis contente.

Elle ne pose même pas de questions, et je ne donne pas de raison. Au fond elle s'en moque, malgré son amabilité de pas de porte. Peu lui importe qui sont ces gens, et qui je suis moi-même. Je dérange. La guerre est finie.

— Mais j'aurais aimé savoir ce qui s'est passé, madame.

— Oh, nous on ne sait pas, on n'était pas là, les gens d'ici racontent qu'il y a eu des arrestations et qu'on a chassé des gens, mais il faudrait que vous alliez un peu plus haut, et aussi de l'autre côté du quartier, parce qu'il y a eu plusieurs rafles dans beaucoup de ces rues-là...

Son regard me gêne, il n'a rien d'une menace, et pourtant j'ai besoin de fuir à présent.

Je dois rentrer vite de toute façon, il est juste assez tard pour que je sois sûre de me faire disputer en arrivant. Et je suis tellement triste et déçue par cette vaine tentative, que je n'ai pas le courage d'aller plus loin. Aller où d'ailleurs ? Sonner à toutes les portes du quartier ? Ou compter les immeubles de deux étages avec un balcon au premier ? Mendier un effort de mémoire comme une pauvresse affamée de souvenirs ?

Je n'ai pas mendié ma nourriture quand j'étais seule au monde, je l'ai toujours volée. Je n'ai jamais mendié d'affection non plus. Seuls les loups m'en ont nourrie comme une des leurs. J'étais sans le savoir un petit loup qu'ils ont reconnu et comblé de leur gibier et de leur chaleur. Eux seuls m'ont protégée, et j'ai eu tort de chercher le chemin de mes souvenirs d'enfant parmi les humains. Je ne reviendrai pas sur mes traces, mieux vaut les laisser s'effacer définitivement. Je n'ai pas de nom, je m'en fiche. Pas de famille, je m'en fiche aussi.

J'ai survécu avec les loups, c'est une empreinte indélébile que je porterai toute ma vie. J'apprends maintenant à vivre au milieu des humains, et j'apprends bien, sans les aimer, avec juste ce qu'il faut de haine pour tenir debout sans pleurer. Je sais faire l'humain, je connais leurs grimaces, j'ai appris à parler, à lire, à écrire, à mettre un masque comme eux. Et j'éprouve toujours une intense jubilation de ce que j'ai vécu d'exceptionnel et qu'ils ne connaîtront jamais. M'endormir dans une tanière, blottie contre une louve, ronger les mêmes os, m'aplatir devant le chef de meute.

Voilà pourquoi le cordonnier n'a rien pu faire pour mes pieds endurcis, aux doigts recroquevillés comme des serres. Mes pieds de petite fille ont grandi dans les bois, affublés de tout ce que je trouvais pour les protéger. Vieille savate, botte de soldat, chiffon, galoche, la corne en est devenue épaisse, je sais la racler au couteau, arracher ce qui me gêne avec les dents et rogner les ongles. Quand je crevais de faim, j'ai mâché ces morceaux de corne ou d'ongles, pour me donner l'illusion de manger. Ils m'ont fait souffrir, et le savent encore.

Tu n'as pas la plus petite idée, madame « qui n'était pas là pendant les rafles de juifs », de comment j'ai fait ma propre guerre. Ces deux portraits, que j'ai pris sous ton nez, je vais les honorer, parce qu'ils ont subi le même sort que ma mère et mon père. Et ils seront bien plus honorés sous mon matelas d'orpheline, que quelque part au fond d'une boîte, dans un coin de ta maison.

— Au revoir madame, merci madame.

Je rentre chez les deux dames chargées de m'héberger et de m'instruire. Sybil et Léontine, vieilles filles mariées à leur Dieu. Elles vont crier comme des oies parce que j'ai fugué, menti, me traiter de traîne-savate et de tous les autres noms dont elles m'affublent. Je suis une sauvage, une moins-que-rien qui va pisser dans le jardin au lieu d'utiliser les toilettes comme une bonne petite orpheline reconnaissante. Un petit monstre qui refuse les chapeaux ridicules. Une vilaine fille qui ne supporte pas les culottes de coton ni les chemises de nuit en pilou boutonnées jusqu'au menton. Une rebelle à ce Dieu qu'elles m'ont imposé et qui n'est pas le mien.

Si elles savaient ce que je cache sous mon matelas ! Mon dernier couteau déniché dans les bois, la boussole qui m'a guidée pendant toutes ces années vers le soleil levant, les étoiles russes arrachées au bonnet d'un soldat mort. Les ultimes trésors de ma vie d'errance avec les loups. Je change régulièrement de cachette, je suis bien plus maligne qu'elles ne le croient. Je passe par les fenêtres, grimpe sur le toit, avale toute la nourriture qu'on me présente, comme si je devais fuir à nouveau avec la perspective d'un ventre vide pour de longs jours.

Elles ignorent tout de ma vie puisqu'elles n'ont pas voulu la connaître.

— Mais non tu n'es pas juive... Mais non tu ne t'appelles pas Mishke... Tais-toi, Monique ! Tu dois savoir ta prière et réciter le « Je vous salue Marie », aller te confesser et t'agenouiller à l'église. Tu as quatorze ans, tu dois te conduire comme une jeune fille. Ton nom et ta date de naissance sont inscrits à la mairie. Tu es née le 12 mai 1937, tu t'appelles Monique Valle et ne cherche rien d'autre !

— Non, maman m'a dit que j'étais née en 1934, je n'ai pas quatorze ans... j'en ai dix-sept !

— Tout ça, c'est fini, Monique. Tu as un nom, ça suffit.

Je m'en fiche de leur nom. J'avais six ans quand on m'a volé mes parents, leur amour et mon nom. J'avais sept ans quand j'ai dû me sauver. Je m'accroche à cette certitude et à quelques mois près ça n'a pas d'importance. Elle est là mon identité, dans mes jambes fortes et tout en longueur, habituées à marcher et à courir. Dans mon estomac de loup affamé, dans mes dents blanches et solides qui ont tout rongé. Je suis un animal fort et courageux, j'ai appris seule à me défendre, à attaquer, à survivre. Je n'ai rien de commun avec cette Monique Valle que l'on enferme à l'école du quartier pour qu'elle devienne bonne sœur ou institutrice !

Les bigotes m'ont donné des murs et un toit, elles me nourrissent, j'en profite jusqu'au jour où elles n'auront plus le droit de m'y enfermer.

Je suis peut-être une mauvaise fille selon leurs critères, mais malgré tout le bien qu'elles disent me vouloir, je sais parfaitement ce qu'elles cherchent à tuer en moi. Comme toujours, il ne faut pas être juive, il faut oublier Mishke, et les loups et le reste.

Mais ça, jamais.

2

UNE DAME EN NOIR

Cet immeuble que j'ai cherché dans une rue de Bruxelles, j'en garde un souvenir à la fois précis et flou. L'image la plus frappante, c'est celle où nous entrons dans ce logement, pour la première fois. Ma mère me donne la main et je nous vois toutes les deux dans une pièce, après avoir monté un escalier. Il y a une grande vitre avec de la lumière, il y a aussi ce cheval que j'ai appelé Jules. Au moment où je l'ai vu, je sais que j'ai lâché la main de ma mère pour aller vers lui et que je l'ai embrassé. Ce cheval était un vieux jouet certainement oublié là, mais comme je n'avais rien, c'était fantastique.

Le logement sentait la poussière, la pièce était presque vide, je ne me souviens pas vraiment de son contenu, à part le lit, et une table.

J'ai parfois peur, en essayant de forcer les souvenirs, de créer des choses ou des objets qui n'existaient pas. Je me revois en dessous du lit, dans l'appartement, parfois je m'y réfugiais pour jouer, parfois pour me mettre à l'abri. J'étais très angoissée de temps en temps, sans doute comme un animal devient nerveux lorsque son maître l'est lui-même, car ma mère devait avoir peur. Je me rongeais les ongles si profondément que le bout de mes doigts me faisait mal.

Je revois un rayon de soleil descendu de cette fenêtre, il transporte de fines particules de poussière, j'ai faim et envie de manger le rayon, je sors de ma cachette, ouvre la bouche et avale ce que j'imagine être de minuscules animaux dans la lumière.

Nous vivions dans un quartier pauvre. Il ne m'en reste que quelques images fugitives qui disparaissent vite, plutôt des sensations. Je me demande souvent pourquoi je n'ai pas retenu ce que j'ai connu ou vécu avant ce logement, je n'ai clairement en mémoire que cette pièce lumineuse, et cette fenêtre rectangulaire avec un balcon. Le soleil venait de là, pourtant c'était une rue étroite et je voyais de très près les autres maisons grises, c'est probablement pour cela qu'il m'était formellement défendu d'aller sur le balcon.

Lorsque j'étais grondée, je m'enfermais dans le placard à balais, très étroit, tout noir, et je m'accroupissais contre les balais pour pleurer. Même si j'entendais qu'on m'appelait, je ne bougeais pas. Dans mon esprit de gamine, je voulais que l'on soit inquiet à mon sujet et que l'on me cherche. Puis un jour j'ai réagi autrement, il n'était plus question de pleurer. Si ma mère me disait « Je ne t'aime plus », parce que j'avais vraiment fait une bêtise, je répondais : « Eh bien, je m'aimerai moi-même ! » J'avais déjà cette tendance rebelle.

Je ne supportais pas cette interdiction de balcon : « Pourquoi les autres gosses se promènent-ils dans la rue alors que je ne peux même pas aller sur ce balcon ? » J'y suis allée une fois, une seule fois... malgré l'interdit. Et j'en ai gardé longtemps un sentiment de culpabilité, pensant que quelqu'un m'avait vue et nous avait dénoncés.

Je mourais d'envie de me pencher sur la rue pour regarder les passants, la lumière, la vie à l'extérieur. Et je me suis amusée à cracher depuis le balcon sur les gens qui passaient. Je devais avoir six ans... Mon père qui était sorti m'a aperçue depuis la rue, et m'a énormément grondée. Il était très fâché.

— Tu ne dois pas faire ça ! Tu ne dois pas te montrer !

J'entends la voix de ma mère, douce et basse, très calme et harmonieuse, avec un accent russe. Elle m'appelait « mon amour d'amour ».

Ce jour-là, elle a tenté de m'expliquer pourquoi je ne devais pas aller sur le balcon :

— C'est dangereux, mon amour d'amour... il faut essayer de comprendre...

Je ne comprenais pas, je n'éprouvais qu'un sentiment de profonde injustice.

J'ai l'impression que mon père était plutôt comme moi, massif et carré, une voix ferme et décidée, un peu rude. De lui je revois un visage large, des cheveux assez courts, plaqués en arrière. Un large front. Il est moins présent que ma mère, avec laquelle je suis en contact permanent toute la journée. Elle ne sort pas de l'immeuble, nous sommes un peu prisonnières dans cette pièce, et je suis toujours dans ses jupes, ou sous le lit à rêver.

Papa lui disait souvent : « Je suis désolé de te faire vivre dans un endroit pareil ! »

Ma mère devait être de bonne famille. Elle avait de longs poignets, des mains fines, ce n'était pas une femme habituée à faire le ménage.

J'avais tellement d'admiration, je voulais être comme elle. Je me souviens de ses beaux cheveux d'un noir de jais, de ses yeux sombres, de sa peau mate, je la comparerais maintenant à une gitane. Elle était mince, fine et jolie, alors que j'étais une petite fille pataude, blonde, au teint et aux yeux clairs comme mon père. Je me désespérais de ne pas lui ressembler. Elle faisait des dessins de mon visage, elle aimait beaucoup dessiner. Et je me trouvais vilaine, massive, brutale, un vrai garçon manqué. J'étais aussi une enfant très possessive et jalouse, surtout vis-à-vis de leur ami Gilles, le seul étranger que j'ai vu dans ce logement. Gilles venait de temps en temps apporter de la nourriture, et s'il disait par exemple : « Tiens, je vais rester avec ta maman, quand ton père va sortir ! », je le poussais dehors énergiquement, et il riait évidemment.

Qui était ce Gilles ? Un ami, qui venait assez régulièrement, chaque fois chargé de quelques provisions. Il avait les cheveux très plats, gominés, un visage maigre, un peu oiseau de proie. Mon père et lui sortaient ensemble, et l'inquiétude de ma mère était alors perceptible. Il me semblait qu'elle craignait un danger pour lui.

Devant ma mère, Gilles parlait d'une manière désinvolte : « Ça va s'arranger, ne t'inquiète pas, ça ira », quand il partait avec mon père. Il la rassurait.

C'est le seul personnage dont je me souvienne, à part une institutrice. Mon père m'a emmenée en classe, mais très rarement, et je me suis demandé si finalement on ne me mettait pas à l'école certains jours pour me protéger – soit que l'on craigne quelque chose, soit qu'il doive se passer un événement précis dans l'appartement. Je n'étais pas dans une classe de mon âge, les autres étaient plus grands, et on me plaçait toujours près de l'institutrice, à côté de son bureau. Je n'y faisais rien de spécial, on me donnait du papier et un crayon pour m'amuser, sans plus. Bien plus tard j'ai essayé de retrouver cette école. J'avais gardé l'image d'un grand trottoir, avec un porche et trois marches de pierres grises, usées. Mais je me suis retrouvée devant un trottoir étroit avec une grande barrière métallique de protection, et plus de marches... Pourtant, elle me paraissait correspondre à mon souvenir, située au coin de la rue de mes parents, où passait le tram 56.

De même je n'ai pas retrouvé le parc où mon père m'a emmenée me promener, j'ignore à quelle époque. J'y ai vu une petite cascade, des pierres, un lac, un âne que j'ai caressé. Je suis donc sortie quelquefois de notre logement, uniquement avec mon père. Papa était blond, j'étais blonde, cette blondeur commune suffisait-elle à ne pas nous rendre suspects d'être juifs ?

Je suis donc allée à l'école du coin de la rue, la main dans celle de mon père. Cette expédition ne se faisait pas sans mal. Je refusais de quitter maman, je m'accrochais à elle avec rage et obstination. Mon père devait quasiment m'y traîner, puis je trottais à côté de lui en boudant. La porte franchie, mon père me confiait à l'institutrice, une grande femme en blouse, aux cheveux ondulés. Elle me conduisait à ma place, près d'elle, et je gribouillais des dessins, j'imitais ma mère, en faisant des visages avec des yeux énormes. À la récréation je me retrouvais dans la cour et je m'installais sous un arbre, je comptais les feuilles par terre. Ce devait être l'automne. Quand la cloche sonnait l'heure de retourner en classe, l'institutrice était obligée de venir me chercher, je ne voulais jamais rentrer.

Il est arrivé que pendant la classe, quelqu'un entre pour parler à l'oreille de l'institutrice. Cela s'est produit au moins deux fois. L'institutrice se levait calmement en disant aux enfants de se tenir tranquilles et de l'attendre. Elle me prenait par la main gentiment et me conduisait dans une réserve pleine de matériel pour l'école. Je l'entends encore me dire : « Reste là bien sagement, c'est un jeu, je vais fermer la porte mais il ne faut pas qu'on t'entende. Quand je reviendrai te chercher, tu auras un bonbon si tu as été très sage. »

Effectivement, elle revenait au bout d'un long moment :

— C'est bien, tu as bien joué...

Et j'avais mon bonbon. Je n'avais pas du tout le sentiment qu'elle me cachait dans ce réduit tout noir, et je n'avais pas peur – d'ailleurs je n'ai jamais eu peur du noir comme certains enfants, au contraire, j'attendais le fameux bonbon ! C'était si rare pour moi, je crois bien n'en avoir mangé, enfant, qu'à la sortie de cette réserve.

J'imagine que pendant ce temps quelqu'un venait contrôler les enfants présents. C'était la guerre, mais je n'en avais qu'une notion très légère. Lorsque mon père l'évoquait, maman lui faisait signe de parler allemand ou yiddish pour que je ne comprenne pas. J'ai vaguement entendu parler toutefois de ceux qui « étaient restés ». Mais restés où ? En Pologne, en Allemagne, en Russie ? Il me semble avoir saisi un échange entre eux, à propos de la famille de ma mère. Celle-ci disait qu'elle se faisait du souci et mon père lui répondait : « On ne pouvait pas, ils ne voulaient pas venir... »

J'entendais aussi des bribes de conversation entre mon père et son ami Gilles. Les Allemands étaient indiscutablement « les méchants ». Mon père parlait aussi de cette étoile que devaient porter les juifs, et qu'il ne porterait jamais lui-même, disait-il. Je me suis souvent demandé ce qu'il faisait dans la journée. Il a travaillé un moment à la maison communale, il emportait une serviette. Mais ce travail n'a pas duré longtemps. Il y avait aussi ce fusil caché dans un placard de palier, je l'ai aperçu une fois, et maman a dit quelque chose à l'adresse de mon père, très inquiète du fait que j'avais vu cette arme. Papa faisait-il partie avec ce Gilles d'un réseau de résistance ?

Maman, elle, allumait des bougies et disait des prières. Elle chantait, cousait, dessinait, et me laissait jouer seule sous le lit, où j'avais à ma disposition toute une ménagerie imaginaire, une armée d'animaux de toutes sortes qui me défendait contre l'ennemi. J'étais dans ma grotte, un serpent cobra en interdisait l'entrée, d'autres serpents se lançaient à l'attaque, les tigres m'obéissaient, les loups me suivaient, l'éléphant me soulevait de sa trompe pour me mettre sur son dos, les oiseaux de proie tournaient dans le ciel, et l'ennemi avait peur, je triomphais de lui, finalement je rendais la justice. Le vaincu était à mes pieds. Je jouais ainsi à ma petite guerre pendant des heures, et si maman se penchait pour me voir en souriant, je lui déclarais fermement :

— Ne me dérange pas, maman, je joue !

Je ne voulais pas qu'elle m'entende raconter mes histoires, parler aux tigres ou aux serpents, j'étais puissante, je commandais à mes troupes dans un monde irréel auquel je croyais dur comme fer. Le tigre était le plus fort, il tuait d'un coup de griffe, l'éléphant écrasait, ou projetait l'ennemi en l'air, et les serpents empoisonnaient tout le monde. Elle était sérieuse ma guerre, et très efficace, l'ennemi disparaissait comme par enchantement. L'ennemi, c'était toujours l'Allemand, bien sûr. Papa m'apprenait la stratégie militaire à l'aide de pinces à linge. Nous y jouions comme aux échecs. Il avait ses troupes, moi les miennes, rangées par petits groupes sur la table, chacun ses divisions, le tout était de trouver le passage pour encercler l'ennemi, et se déclarer le général vainqueur. Sans m'en rendre compte, je ne jouais qu'à la guerre, que ce soit sous le lit dans ma grotte imaginaire, ou sur la table avec des troupes de pinces à linge. J'étais un petit militaire sans uniforme, débordant d'énergie que ma mère avait bien du mal à contenir. Il m'arrivait de courir à travers la pièce en tous sens, de sauter et de bondir comme mes tigres, alors qu'il ne fallait pas faire de bruit sur ce parquet. Ce silence à observer en permanence était frustrant, difficile à respecter. Je n'étais pas malheureuse, à part le fait d'être enfermée à longueur de journée. J'avais tellement besoin de m'extérioriser qu'il m'arrivait de mettre mes chaussures pour faire du bruit exprès. Normalement, je marchais pieds nus ou en socquettes dans l'appartement. Le moindre écart bruyant faisait paniquer ma mère, elle me prenait aux épaules, ses yeux noirs dans les miens :

— Mishke ! Essaie de comprendre ! Tu ne peux pas faire ça !

Je sentais sa peur d'un danger invisible et trouvais cela complètement injuste. Tout était gris et sans couleur, sauf ma mère, j'avais envie de couleur, envie de manger, envie de faire du bruit, envie de scandaliser cette vie morne et silencieuse. Mais au lieu de crier je chuchotais en jouant, et au lieu des bonbons et autres délices j'avalais goulûment mes cuillères d'huile de foie de morue sous le joli nez froncé de ma mère, qui en riait. J'aurais fait n'importe quoi pour la voir rire. J'adorais qu'elle me lave dans la grande bassine, je détestais que mon père la prenne dans ses bras. Je me blottissais contre elle, dans son odeur. La nuit nous dormions tous les trois dans le lit, moi au milieu. Il ne faisait pas très chaud, mais j'étais douillettement installée entre mon père et ma mère. Je cherchais son oreille, et la tripatouillait entre deux doigts pour m'endormir, jusqu'à ce qu'elle devienne chaude, et que maman me propose l'autre, toute fraîche. Mon père n'aimait pas ce rituel :

— Tu vas la laisser faire ça jusqu'à ce qu'elle se marie ?

Mais maman me laissait faire, et c'était un véritable délice de m'endormir de la sorte, le nez dans ses longs cheveux. J'étais à l'abri de tout, au cœur de l'amour même, dans le parfum de muguet des cheveux de ma mère. Je ne voulais pas la quitter, jamais. J'aurais pu passer ma vie dans ce logement miteux, sans meubles, aux manteaux accrochés sur les portes, à écouter maman me chanter une berceuse ou me raconter des histoires avec ce délicieux accent ourlé de russe. Elle était ma maison, je voyais la vie à travers elle, ses petits pinceaux légers qui ombraient de couleurs pastel des visages ou des fleurs. Ses mains fines qui rapiéçaient les vêtements, son châle de dentelle pour la prière, son carnet où elle notait des choses mystérieuses :

— Non, Mishke... ne touche pas à ça... C'est à maman, ce sont mes petits secrets à moi toute seule.

Les petits secrets de ma mère étaient inviolables pour qui ne lisait pas le russe. Elle écrivait dans un carnet à la couverture imprimée de noir et d'or sur fond rouge, d'une écriture fine et serrée. Elle le rangeait avec une enveloppe qui contenait des billets. Je savais reconnaître l'argent sans en avoir l'utilité, personne ne m'en donnait, et je n'allais nulle part. Ma mère non plus. J'ignore si cet argent était le résultat du travail de mon père, ou s'il s'agissait d'une réserve en cas de danger. Ma mère l'enfermait soigneusement dans une boîte. Mon père n'a pas travaillé longtemps, quelques mois – il m'est difficile d'estimer le temps, je sais seulement que nous avons manqué de tout assez vite. Ma mère n'allait pas souvent chercher de billet dans cette enveloppe, Gilles fournissait le strict nécessaire en nourriture et nous nous en contentions.

Je n'ai pas le souvenir d'avoir eu très faim, même si nous mangions souvent les mêmes aliments et en petite quantité. Les rares occasions où mon père m'a traînée à l'école sont mes seuls mauvais souvenirs de cette période de ma vie. La première fois, j'ai failli hurler dans l'escalier de notre immeuble, mon père l'a senti et a plaqué sa main sur ma bouche :

— Tu dois te taire ! Il faut que tu te taises !

Ses yeux bleus étaient devenus fixes, il ne me parlait pas comme ça d'habitude, j'ai compris qu'il évoquait ce danger invisible, et je me suis mordu les lèvres en le suivant très vite dans l'escalier. Une fois dans la rue, il a dit :

— Tu veux toujours sortir, te voilà dehors maintenant, et tu vas rester tranquille. Je vais t'emmener dans un endroit qui va t'amuser.

La rue m'a fait un peu peur, il marchait vite et à grands pas. J'avais l'impression qu'une décision venait d'être prise à mon endroit, peut-être parce que je devenais enragée à la maison et faisais trop de bruit. Mais j'étais mal à l'aise dehors. Il y avait trop longtemps que j'étais enfermée avec ma mère dans ce logement. Nous avions certainement vécu ailleurs auparavant, il me semble avoir joué dans une cour, ou un jardinet, j'ai gardé quelques images de fleurs, un massif rond, et je me vois vaguement courir autour... J'ai dû fréquenter une école locale quelconque, apprendre l'alphabet, puis les mots et les nombres, car je savais compter sur mes doigts en tout cas, lire et écrire un peu. La plupart des enfants de cet âge se souviennent d'une maîtresse d'école, pas moi. Mes souvenirs commencent dans cet appartement avec Jules et ma mère pour horizon, et cette école après le coin de la rue. Avant, c'est un grand trou noir. J'ai le sentiment d'être née à l'âge de six ans.

Une fois remise à l'institutrice, mon père m'a embrassée et regardée dans les yeux fermement pour me faire comprendre qu'il ne m'abandonnait pas.

— Je viendrai te chercher, n'oublie pas, c'est moi qui viendrai te chercher.

Il a sorti de sa poche une petite trousse en forme de chien avec une anse. Elle contenait deux ou trois crayons et une gomme. Et l'institutrice m'a emmenée dans une classe, où j'étais la seule petite. Les enfants n'ont pas bronché à mon arrivée, comme s'ils avaient été prévenus. Ils ne se sont pas intéressés à moi, ils travaillaient et jouaient entre eux. J'ai compté les feuilles dans la cour, assise par terre, et les quatre ou cinq fois qui ont suivi, j'ai fait de même. Entre chaque intermède « scolaire », il a passé un certain temps. La deuxième fois, j'ai résisté avec obstination, le souvenir de la séparation d'avec ma mère était trop récent. Mon père a dû employer la persuasion : maman était fatiguée, elle devait se reposer et pour lui faire plaisir je devais me résigner.

Mais la persuasion ne marchait pas beaucoup avec moi, j'étais et suis restée obstinée. Je promettais tout ce qu'il voulait pour ne pas sortir. Ne pas bouger, rester assise sur la chaise toute la journée, ne pas sauter à pieds joints sur le lit, ne pas courir dans la pièce... Jusqu'au moment où de guerre lasse ma mère disait :

— Laisse-la...

Et je retrouvais la sécurité, le noir de ma grotte sous le lit, mes serpents et mes tigres. Je ne les craignais pas, on ne m'avait jamais fait peur ni du loup ni de l'ours ni de l'aigle. Les animaux étaient mon peuple réel, bien que je ne les aie vus qu'en images. Je savais qu'ils existaient réellement « dans les forêts », qu'ils buvaient dans les rivières et les lacs, qu'ils mangeaient des proies. Leur mode de vie ne me paraissait pas le moins du monde effrayant. Mon esprit n'était pas envahi de peurs enfantines, je ne connaissais pas d'enfants, pas d'autres adultes, et dans les petits livres que me donnaient mes parents, si le renard courait après le lapin, ou le lion après une biche, ce n'était que pour manger et cela me paraissait normal. Une poule picorait avec ses poussins, une chienne dormait avec ses petits, moi avec ma mère. J'étais un animal comme eux. Plus précisément l'idée d'animal « sauvage » n'a jamais été présente dans ma tête. J'avais plutôt tendance à croire que les hommes étaient « méchants Allemands et sauvages ». Ils faisaient la guerre, il fallait donc les combattre, leur résister. Les animaux ne posaient pas de problèmes de ce genre, au contraire dans mon jeu favori ils étaient dans mon camp.

L'isolement dans lequel je grandissais était dû au fait que mon père était juif allemand, ma mère juive d'origine russe, qu'ils s'étaient certainement réfugiés en Belgique au début des pogroms en Allemagne. Maintenant que la Belgique était sous occupation allemande, ils devaient se cacher. Si ma supposition est exacte, et je ne vois pas d'autre possibilité, Gilles devait appartenir à un réseau chargé de nous aider. Mon père m'avait raconté l'histoire d'une petite fille prénommée Rachel qui avait commis une grande imprudence. Elle avait dit à quelqu'un, l'épicier il me semble :

— Je ne m'appelle plus comme papa... je m'appelle...

Je n'ai pas retenu le reste, ce devait être un nom comme Dupont ou Durand, en tout cas la petite fille avait été emmenée avec ses parents par la police, et visiblement mon père voulait me faire comprendre que je ne devais pas parler de mes parents. C'est à la suite de cette histoire que ma mère m'avait appris une nouvelle loi. Je m'appelais Mishke, sans autre nom de famille, ça je le savais déjà, au point que j'ignore aujourd'hui l'identité de mes parents, à part leur prénom. La nouvelle loi ajoutait ceci : si quelqu'un venait me chercher à la place de mon père, en me disant : « Tu es Mishke ? Viens avec moi ! », je devais dire oui, et suivre ce quelqu'un sans résistance.

— Tu as bien compris ? Tu t'appelles Mishke, et tu obéis. Tu n'as pas à t'inquiéter, ça n'arrivera peut-être pas, sauf si papa est en retard. Tu as bien compris ?

Dis- moi que tu as compris. C'est très sérieux, Mishke. Répète !

J'ai dû répéter plusieurs fois que j'avais bien compris, et même promettre pour lui faire plaisir que j'obéirai, mais sans comprendre le sens de cette consigne. Ce quelqu'un devait dans mon esprit me ramener tout simplement à ma mère, et ça n'arriverait probablement jamais... D'autre part, si quelqu'un m'avait demandé mon nom pour une raison quelconque, je n'aurais su répondre que « Mishke », qui pouvait passer pour un diminutif typiquement bruxellois – on disait Deniske, Pierrettke – et en tout cas venant du belge français puisque je n'ai jamais parlé et compris que cette langue. Mon père utilisait indifféremment l'allemand et le français qu'il parlait parfaitement, contrairement à ma mère dont l'accent était fort repérable. Ce devait être la raison qui la maintenait en permanence à la maison avec moi.

Je n'oublierai jamais ce jour de 1941 où je l'ai quittée pour cette maudite école, sans savoir que je ne la reverrais jamais. Je m'en veux encore de n'avoir pas mieux contemplé son visage et respiré ses cheveux plus longtemps. Mais si je l'avais su il aurait fallu me découper en morceaux pour m'arracher à elle. Son visage s'est estompé avec le temps, il me reste ses cheveux si longs qu'elle les serrait parfois en chignon, une voix douce, une robe claire, une petite chanson oubliée que je ne parviens même plus à fredonner, et quelques mots de russe qu'elle m'apprenait tendrement. Je ne saurai jamais ce qu'ils ont fait de ses cheveux là où on l'a emmenée. J'aurais voulu rester, vivre ou disparaître avec elle. Elle voulait me sauver, pas moi.

Mon père devait venir me chercher comme il l'avait dit une fois de plus avant de lâcher ma main. J'avais passé la récréation assise sous mon arbre, à contempler les immeubles, au-delà du mur de l'école, imaginant que ma mère était là quelque part, et me voyait. Maintenant, j'étais assise sur les trois marches de pierre usées, seule sous le porche. D'habitude, l'institutrice m'accompagnait, et mon père me reprenait par la main pour le chemin du retour. Mais cette fois je ne vois pas l'institutrice, je crois qu'elle a dit qu'il n'allait pas tarder, et elle n'est plus à mes côtés. Le temps passe et je regarde la rue, la porte de l'école est fermée, pour attendre j'invente un jeu. Je vais fermer les yeux, compter jusqu'à quinze et mon père arrivera à quinze. Comme il n'est pas là, je recommence, encore et encore... et je compte toujours lorsqu'une voix dit :

— C'est toi, Mishke ? Viens avec moi.

Je suis d'abord surprise, puis la recommandation de ma mère s'impose. Elle m'a fait jurer d'obéir, j'obéis. C'est une femme que je n'ai pas vue arriver, probablement parce que je comptais. Courtaude, vieille, la voix un peu rude, vêtue d'un manteau noir et coiffée d'un fichu de même couleur. Elle me prend par la main : « Allez, viens. »

Je la suis comme un automate, nous remontons jusqu'au coin de la rue où logent mes parents, et là soudain il y a du bruit, des cris, des camions, beaucoup de gens. Il me semble qu'ils se battent, ou que certains en frappent d'autres.

La dame me fait traverser rapidement en me disant : « Ne regarde pas, Mishke... » Elle me tire par la main, en répétant : « Ne regarde pas, Mishke. » Chaque fois qu'elle prononce mon prénom je pense à ma mère, je crois qu'elle me ramène à elle, et que je vais retrouver mes parents.

Maintenant je ne reconnais plus rien. Beaucoup plus loin il y a un arrêt de tramway, nous attendons un peu, elle ne parle pas, nous montons dans un wagon jaune. Il y a un homme avec une grande sacoche qui vend les tickets en criant à la ronde, en français et en flamand : « Tout le monde est servi ? *Alleman bediend ?* » La femme paie, me fait asseoir à ses côtés en recommandant le silence, mais je demande en chuchotant :

— Où on va ?

— Tais-toi. Tu verras.

Et le tramway a poursuivi son chemin tandis que je regardais défiler des rues inconnues. C'était la première fois que je montais dans ce petit tram dont je n'avais jusque-là que contemplé les rails en allant à l'école. La femme en noir n'a pas un mot pour m'expliquer la situation ou me rassurer. Elle est crispée, il y a des soldats allemands dans le wagon, des voyageurs comme nous apparemment, ils ne parlent à personne. Je regarde les voitures, les gens qui marchent dans la rue, toutes choses que je n'ai pas l'occasion d'avoir vues. Le tramway s'arrête au bout d'un voyage qui me paraît très long et le receveur crie : « Terminus. » Nous avons atteint le rond-point du Meir, d'après ce que j'ai reconstitué plus tard, par ce tramway qui portait à cette époque le numéro 56, en direction de Schaerbeek. Pour moi, cet endroit était comme un autre pays. J'y ai vu des arbres, c'était calme et tranquille. La femme m'entraîne dans une allée qui longe un parc, puis dans une ruelle, encore dans une ruelle plus petite qui nous mène devant une église. À partir de là, nous marchons dans une rue triste et sombre. Elle avance vite et je traîne un peu les pieds par moments, puis à l'idée de retrouver maman je force mes jambes à suivre son rythme.

Les maisons ici sont basses, étroites. Nous longeons un grand mur gris très long, celui d'une usine peut-être, la femme s'arrête devant l'une de ces maisons étroites, et entre en me tirant par la main. Je me souviens parfaitement de deux marches que l'on monte pour atteindre un palier, puis cinq ou six qui mènent à une pièce en contrebas. La fenêtre est au niveau de la rue que nous venons d'emprunter. C'est une salle à manger, suivie d'une cuisine en enfilade. Je vois deux armoires, une table et des chaises bien rangées, et plus loin une grande cuisinière. Le reste de la maison doit se situer à l'étage, on aperçoit un escalier au bout d'un corridor où des vêtements sont accrochés au mur et des chaussures alignées par terre. Deux fauteuils y sont installés.

Tout est propre et carré, imposant et froid, comme cette grande femme qui surgit devant nous. Ses cheveux sont tirés en arrière, crantés et d'un blanc-mauve surprenant. Elle ouvre une bouche mince sur des dents en or. Un visage à la fois sévère et ridicule qui fait peur. Une voix sèche :

— Tout est arrangé ?

— Oui.

La femme en noir sort une enveloppe de son sac, et la tend à la femme aux cheveux mauves qui en vérifie le contenu. Je vois des billets. Elle me désigne un fauteuil :

— Assieds-toi là.

Je me demande ce que je fais là et surtout où est ma mère. Le fauteuil est beau, pas en lambeaux ni décousu comme celui où ma mère s'asseyait pour coudre. La femme en noir s'en va sans autre explication, elle jette à peine un regard sur moi avant de partir en disant :

— Bonne chance.

Je reste seule avec cette femme aux cheveux mauves, qui appelle quelqu'un sans bouger de la cuisine : « Janine ! » Puis elle s'adresse à moi pour la deuxième fois :

— Janine va te montrer ta chambre. Tu mettras les vêtements qui sont sur le lit.

— Et maman et papa ?

— Ici, on ne parle pas de ça. Il faut te le mettre en tête, ici, on ne parle pas de ça.

La bouche mince a jeté un ordre à ne pas transgresser. Elle n'a même pas souri, ne s'est pas approchée – si elle l'avait fait, je crois que je me serais enfuie à toutes jambes tellement elle m'effrayait.

J'étais si désorientée, sans une explication ni un espoir, que je me suis laissé conduire en silence par cette Janine, une servante rougeaude aux cheveux courts, de stature imposante, qui parlait le flamand et baragouinait le français. Elle m'a fait monter l'escalier jusqu'à un deuxième palier, où j'ai découvert derrière un rideau un cagibi sans fenêtre. Un lit, des vêtements posés sur la couverture. Une jupe foncée, un chemisier serré au cou qu'on me fait signe d'enfiler.

La servante me prend ma trousse d'école en forme de chien et l'emporte en me disant en français avec un fort accent :

— On vous attend en bas pour manger.

Je suis prise d'une telle envie de pleurer que je vais sangloter longtemps assise toute seule sur ce lit. Je n'ai plus mes parents, la bonne m'a enlevé la seule chose que je possédais. Ma vie de petite fille aimée s'est arrêtée ce jour-là, chez cette femme aux cheveux mauves qui ne m'aimait pas. Elle avait pris l'argent, mais j'étais en trop, elle allait s'employer à me le faire sentir. Il est clair, mais je n'en avais pas conscience à cet instant, que mes parents ont été victimes d'une rafle, et que ce plan de sauvetage avait été préparé pour moi depuis un certain temps. Pourquoi chez cette femme précisément, c'est un mystère que j'ai mis bien des années à comprendre. Elle était mariée avec un dentiste dont l'oncle possédait une ferme non loin de chez eux. Cet oncle, que j'ai ensuite baptisé grand-père car c'est ainsi que l'appelaient tous les gens des environs, avait travaillé comme Gilles et mon père à la maison communale. Il est probable que ce lien leur avait permis d'envisager pour moi une solution de repli chez ces gens, contre une somme d'argent destinée à mon entretien. Mais si mes parents avaient pu connaître cette femme, ils ne m'auraient jamais confiée à elle !

Après la guerre, nous avons su comment s'organisaient les sauvetages d'enfants dont les parents étaient susceptibles d'être pris par les Allemands. Y participaient des membres d'organisations juives clandestines, des communistes, des catholiques et même des nobles. Ces gens fabriquaient des papiers d'identité belges à l'intention des enfants juifs. Ils utilisaient parfois une astuce consistant à ne pas déclarer certains décès d'enfants belges, et à conserver leur statut administratif de vivants pour des juifs. Ils en fabriquaient d'autres à partir de documents vierges. On pense qu'environ cinq mille enfants ont pu être ainsi sauvés des camps. Cela n'était possible que si l'on avait accès à l'administration. Gilles, mon père et le grand-père y avaient eu accès.

On ne m'a jamais donné de détails sur l'origine de mon identité nouvelle. Je me suis appelée tout à coup Monique, je n'avais plus sept ans, mais quatre – étant donné ma petite taille, c'était très plausible. J'étais supposée être née en 1937 et être la fille de la femme aux cheveux mauves.

Mishke n'existait plus. Dans cette rafle que j'avais aperçue de loin, mes parents, Gerusha et Reuven, ont peut-être été pris.

Un jour, le grand-père a dit devant moi : « Ils ont arrêté quarante hommes et une femme... »

Quelle femme ? Ma mère ? Pourquoi une seule femme et quarante hommes ? S'agissait-il de cette rafle en particulier ou d'une autre ? Il n'a pas donné de détails, il n'en avait certainement pas. Alors je n'ai jamais su ce qu'étaient devenus mes parents. À ce moment-là, alors que je sanglotais sur ce lit dans un cagibi sans air, je les croyais toujours vivants et je ne comprenais rien. Mais je ressentais un vide vertigineux, et ce vide est la seule chose qui m'ait jamais fait peur au cours de ma vie et provoqué des cauchemars récurrents.

Ma mère avait disparu dans ce vide, et c'était insupportable à vivre, j'en ai souffert toute mon existence de survivante.

3

L'APPRENTISSAGE DE LA HAINE

La table était mise lorsque je suis descendue dans la cuisine et je n'avais plus de larmes.

Il est difficile pour un esprit d'adulte de définir comment une enfant de mon âge – j'avais sept ans – parvient à contrôler une telle émotion. Après avoir sangloté de désespoir, j'avais soudain décidé de ne pas pleurer devant ces étrangers. Cette femme m'avait accueillie avec dédain, et on m'avait pris sans ménagement ma trousse, le seul bien qui me rattachait à mes parents.

Cette table était recouverte d'une nappe, de belles assiettes, avec beaucoup de nourriture, des aliments que je n'avais jamais mangés. Il y avait du pain, des légumes, mais surtout un plat que j'ai reconnu plus tard comme du poulet rôti, et aussi de la viande couleur caramel, en réalité des côtes de porc. Une abondance de nourriture qui m'était étrangère. La contemplation de ce festin était un véritable étonnement pour mon estomac de petite fille affamée. Je n'avais jamais eu tant à manger avec mes parents, je ne savais même pas qu'une telle quantité de nourriture puisse exister pour un seul repas. Chez nous, c'était toujours la même chose : du pain avec parfois un peu de confiture quand Gilles en apportait. De temps en temps un morceau de poisson séché, très salé, qui me donnait une soif de tous les diables. Le reste du temps, maman préparait des pommes de terre ou des choux, mais très rarement de la viande. J'adore la viande, et j'avais une envie terrible de me jeter dessus.

J'ai attendu assise sur la chaise que la bonne m'avait désignée, seule d'un côté de la table, face aux autres que je ne connaissais pas encore : un homme et un adolescent. Mais personne ne m'adressait la parole. Tous les deux attendaient en silence comme moi.

Les assiettes étaient très belles avec des bords de couleur, un bleu roi cerclé de deux lignes dorées. Les serviettes blanches, bien pliées. Le tissu était net et propre.

La dame arrive avec ses cheveux mauves, s'assied en bout de table, comme une reine, me regarde et dit en joignant le geste à la parole :

— On met sa serviette sur ses genoux.

J'obéis, et elle commence par servir l'homme, je comprends qu'il est son mari, puis l'adolescent, son fils.

— Tu veux des légumes, Léopold ?

Elle les sert lentement, en proposant à chacun un morceau de quelque chose et je n'en vois pas la fin, enfin elle m'attribue une cuisse, que je trouve vraiment petite. Si petite qu'avec le recul je me demande encore s'il s'agissait d'un poulet ou d'un pigeon. Je la prends avec mes doigts et mords dedans. Elle pousse un énorme soupir, l'air de dire : mais qu'est-ce qu'elle fait ! Alors je jette un coup d'œil à son fils, il a un air de mépris entendu, mais je m'en fiche parce que ça fait du bien, ce morceau de viande qui descend dans mon estomac.

— Tu n'as jamais appris à manger avec une fourchette et un couteau ?

— Ben...

Il n'y avait pas tout ça chez nous, je n'ai pas le souvenir d'avoir utilisé une fourchette et un couteau pour découper de la viande. Je pense que mon père avait un couteau de poche, et maman quelques ustensiles pour cuisiner et des cuillères pour la soupe. Il n'y avait pas de viande la plupart du temps et, si Gilles en a rapporté une ou deux fois, elle a disparu dans la soupe. Mais je n'ai pas le temps de formuler une explication, que j'aurais eu d'ailleurs bien du mal à exprimer. Une cuisse de poulet, je ne pouvais que mordre dedans.

— D'où est-ce qu'elle sort ? Essuie ta bouche !

Il n'y a jamais rien eu de bien en moi selon cette femme, j'ai toujours fait l'objet de méchantes remarques, et ça a commencé tout de suite, dès le premier repas.

J'avale le morceau de poulet et je regarde le reste du plat d'un air qui provoque une dose de mépris supplémentaire :

— Tu veux encore de la viande ? Évidemment ! Tu en veux encore !

Comme si c'était trop me donner. Je dis oui. Et alors, je mange cette fameuse viande couleur caramel, et je la trouve délicieuse. Est-ce que je le dis ? En tout cas elle réplique :

— C'est bon ! Bien sûr que c'est bon, c'est une côtelette de porc !

Et ils se mettent à rire, son fils et elle, apparemment contents d'une blague que je n'ai pas comprise avant longtemps. Les juifs ne mangent pas de porc.

Le mari, lui, ne parle pas. Il est calme, transparent, plutôt perdu dans ses pensées, en tout cas il semble bizarrement détaché de sa femme et de son fils.

Il y a quelqu'un de plus autour de sa table mais ce n'est pas important pour lui. Une fois le repas terminé il disparaît, et on me donne l'ordre de remonter dans ma chambre. Celle de la bonne est une vraie chambre, avec une fenêtre, des meubles, un lit recouvert d'un tissu à fleurs. Mon cagibi derrière le rideau ne sert visiblement qu'à dormir sur un lit d'appoint.

Le plus dur pour moi, dans cet environnement hostile, c'est le silence à propos de mes parents. La femme avait estimé plus urgent de dîner à l'heure que de prendre quelques minutes pour me rassurer et m'expliquer simplement pourquoi j'étais là, ce qui avait été décidé pour moi. Une fois seule, la nuit, j'ai tellement sangloté que la bonne s'est plainte le lendemain matin de n'avoir pas pu dormir parce que « cette gamine pleurait » ! La femme aux cheveux mauves m'a enfin parlé :

— Écoute, il va falloir que tu t'habitues, tu es ici pour y vivre, tu devrais être bien contente ! Alors, pas de simagrées !

— Mais je voudrais voir papa et maman.

— Ta mère, c'est moi maintenant ! Et tu m'appelleras maman !

Elle touchait à quelque chose de si profond que j'en suis restée muette. Pour rien au monde je ne l'aurais appelée maman. Cette affreuse bonne femme voulait se comparer à ma si jolie mère ? De quel droit ? Si, au moins, elle m'avait expliqué que c'était un mensonge nécessaire à ma nouvelle situation de réfugiée chez elle. Si elle m'avait dit : « Tu es en danger parce que tu es une enfant juive, tes parents ont été arrêtés, ils t'ont confiée à moi jusqu'à ce qu'ils reviennent un jour... » Au lieu de cela, j'ai pris l'ordre tel qu'il m'était donné, c'est-à-dire très mal, et méchamment. Je me suis dit : « Non, jamais je ne t'appellerai maman ! »

Et si je ne l'ai pas formulé, je m'y suis tenue, ce qui la mettait en rage.

Et s'il n'y avait pas eu assez vite le grand-père, sa femme Marthe et sa ferme, je n'aurais pas pu rester chez cette femme. Je serais partie n'importe où n'importe comment, et sans rien.

C'était vraiment l'expression d'une méchanceté gratuite que de vouloir m'imposer à son endroit le mot de « maman » alors que je pleurais l'absence de ma mère.

En y réfléchissant, beaucoup plus tard dans ma vie, je me suis encore demandé pourquoi cette femme m'avait prise chez elle. Je ne pouvais le comprendre qu'en raison de cette enveloppe que j'avais vue changer de main. Le grand-père m'a parlé de 75 000 francs.

J'aimerais savoir combien représentaient ces 75 000 francs belges de 1941 pour me faire une idée de la somme que valait à ce moment-là une marchandise indésirable telle que moi. Entre dix et cent fois plus que maintenant, sans doute.

Après cette injonction, elle m'envoie petit-déjeuner. La veille, j'avais tout de même mangé comme jamais, et s'il n'y avait pas eu tant de méchanceté dans l'air, j'aurais mieux apprécié encore, c'était si bon. Et ce matin-là, j'aperçois du pain doré et de la confiture. On me donne une tranche de ce pain et j'étale une énorme cuillerée de confiture rouge dessus. Le fils ricane au moment où sa mère me l'arrache des mains, racle la confiture avec un couteau pour n'en laisser qu'une infime pellicule.

À ce moment-là, je suis en état de choc. Le cœur tellement gros et lourd que si j'avais parlé je me serais effondrée en larmes. Et je ne voulais pas devant cette méchante bonne femme. L'appeler maman ? M'arracher la confiture de la bouche ? À cet instant précis, la haine se déclenche d'un coup en moi, en une seconde elle m'envahit.

J'aurais voulu l'étrangler. Et je crois que j'aurais pu. J'avais envie de frapper, de lui marcher sur les pieds, de lui donner un coup de pied dans les jambes, tout ce qui était à la portée de ma taille. J'ai vraiment ressenti cette haine violente et subite, qui m'est souvent revenue par la suite. Je sais que je ne peux pas réagir, mais je sais aussi que je pourrais... et ça me soulage. Alors je la regarde, et mentalement je lui arrache toutes ses dents en or, je l'étrangle, je coupe sa vilaine tête aux cheveux mauves. Tout se passe dans mon imagination, en silence. Je veux la rabattre, la réduire à sa laideur et à sa méchanceté pour qu'elles ne me blessent plus. Ma mère, comparée à cette femme, était le soleil, sa lourde chevelure parfumée était une splendeur aérienne à la fois dense et légère, un nuage finement ondulé.

Toute ma vie, chaque fois que j'ai eu de la confiture, j'en ai étalé une énorme couche sur mon pain.

— D'où est-ce que tu sors ? Réponds ! On ne se sert pas de cette façon !

— Oui...

— Oui qui ?

— Oui madame.

— Non, pas madame. Tu dois m'appeler maman.

— Non madame.

— C'est une butée, cette gamine ! Comment est-ce qu'on va faire avec elle ?

On ne ferait rien du tout. Elle me prenait pour l'argent, j'étais un poids, je le resterais.

Je ne l'ai pas appelée maman et au bout d'un certain temps elle n'a plus insisté. Mais j'ai demandé où étaient mes parents à plusieurs reprises, et chaque fois la réponse a été la même :

— On n'en parle pas ! Je vais t'emmener faire des

photos, à partir de maintenant tu t'appelles Monique et tu as quatre ans.

— Pourquoi est-ce que j'ai quatre ans ?

— Je n'ai pas d'explication à te donner, tu es Monique Valle, tu as quatre ans, mets-toi bien ça dans la tête.

Mishke, je m'appelle Mishke. Avoir quatre ans ou sept ans m'est bien égal, mais Monique...

Elle m'a emmenée par la main dans une boutique de photographe après m'avoir affublée d'un nœud ridicule sur la tête. L'opération a été rapide, pourtant elle se plaignait en route d'avoir autre chose à faire. Alors qu'elle n'avait rien à faire. Des ordres à la bonne pour cuire ceci ou cela. Un peu de couture... Lorsqu'elle se mettait à sa machine à coudre, elle me faisait asseoir sur un coussin par terre et me donnait des travaux : découdre, apprendre à surfiler un ourlet, des choses que je ne trouvais pas intéressantes du tout.

Dans la journée, je ne côtoyais quasiment qu'elle et la bonne. Le mari dentiste disparaissait dans son cabinet et on ne le voyait qu'aux repas où il ne parlait guère. Une fois, il a examiné mes dents, et en a conclu qu'elles étaient très solides. Le fils, je ne savais pas à quoi il passait ses journées. En fait, ça ne m'intéressait pas. Je l'avais pris pour un gamin, mais en réalité il devait approcher des dix-huit ou vingt ans et me paraissait aussi stupide que sa mère avec laquelle il était toujours d'accord, « oui maman, non maman... ». Il riait dès qu'elle se moquait de moi. Elle me traitait souvent de « béotienne », une bête qui ne comprenait rien.

Et j'ai appris longtemps plus tard la définition du mot. Les béotiens étaient renommés dans l'Antiquité pour la musique, la poésie et toutes sortes de sciences. Ils étaient aussi de grands militaires, et ont gouverné la Grèce jusqu'au règne d'Alexandre le Grand. Lorsque j'ai découvert ça, je me suis dit que c'était elle l'imbécile, qui en voulant me diminuer se trompait lourdement.

Un jour, quelqu'un de sa famille est venu, une femme qui s'appelait Fernande. Elles se parlaient tout bas et visiblement de moi, j'ai prêté l'oreille. Elle disait : « Si elle s'en va, ça m'est égal, mais si Janine devait me quitter, j'en pleurerais des larmes de sang. »

Je les imaginais, ces larmes de sang dégoulinant de son visage...

Quelques jours plus tard, elle m'a fait conduire à la ferme, chez l'oncle de son mari. Enfin, j'étais utile à quelque chose, car son précieux fils Léopold n'aurait plus à faire les allers et retours pour rapporter les provisions.

Léopold est venu avec moi la première fois, juste pour me montrer le chemin, et me présenter au grand-père en ma qualité de nouveau coursier. L'homme était très bourru quand nous sommes arrivés, à peine aimable. Visiblement, il n'aimait pas son petit-neveu. Il a échangé quelques mots avec lui, et très vite s'est adressé à moi :

— Viens, toi ! Je vais te montrer quelque chose !

Léopold a fait mine de suivre et il a dit :

— Non, toi tu restes là.

Et le grand-père m'a fait visiter la ferme, m'a montré les chiens, les cochons, les poules, les coucous de Malines, poules noir et blanc, avec de petites taches. Elles étaient jolies et je pouvais même les toucher. Il m'a vue tellement heureuse qu'il s'est radouci un peu.

— Alors, petite ? Tu ne vas pas casser les œufs quand tu viendras les chercher ?

— Non, non, je ferai très attention.

— Bon, ça va aller !

Ensuite, il a dit à Léopold :

— Tu l'enverras, ça se passera bien, elle n'a qu'à lui donner la liste.

Il avait prononcé « elle » comme s'il ne voulait pas la connaître ou la voir ; la femme de son neveu ne devait pas lui plaire beaucoup. C'était la ferme qui la nourrissait, toutes ces bonnes choses sur sa table, malgré la guerre, venaient du grand-père Ernest et de sa femme Marthe. Ils la fournissaient en beurre, en lait, en fromage, donnaient des légumes, de la viande de mouton, de poule ou de cochon.

La ferme m'a paru grande. La maison elle-même était une solide bâtisse, avec de belles pièces, et il y avait beaucoup de terrain. Le grand-père faisait tout le travail, sans autre aide que sa femme.

S'il n'aimait pas beaucoup les cheveux mauves, elle le lui rendait bien. Elle était catholique, il n'était pas croyant, elle était bourgeoise, il était de gauche. Elle disait de lui : « C'est un bouffeur de curés. » Il est vrai que quand il voyait un curé, il faisait « croa, croa », comme les corbeaux. Et je trouvais ça drôle. C'était un être vivant, bourru et chaleureux. Les autres étaient des êtres déjà morts, sans la moindre gentillesse ou charité. Rapidement, j'ai entendu le grand-père la traiter en rigolant de « bigote » et de « virago ». Elle se prénommait Marguerite. Ça me plaisait bien, Virago, je lui ai conservé ce surnom en mon for intérieur. Quelque chose dans la sonorité de ce mot la définissait bien. Le grand-père disait aussi : « C'est une voleuse ! »

Je ne savais pas ce qu'elle avait volé mais c'était une voleuse ! Il n'avait jamais rien de bon à lui dire, les rares fois où elle est venue à la ferme. Un jour, il m'a fait rire en ouvrant la porte :

— Ah, c'est toi ? Je ne t'avais pas reconnue ! Je croyais que c'était quelqu'un avec un chapeau !

Derrière sa porte vitrée, opaque, on ne voyait que la silhouette des arrivants. Et le grand-père se moquait tranquillement de son casque de cheveux mauves. Elle pinçait davantage ses lèvres minces lorsqu'il plaisantait ouvertement à son propos mais ne répondait pas. C'était une curieuse famille, dont je n'ai pas compris les secrets, et ils m'importaient peu du moment que le grand-père était dans ma vie.

Grand-père Ernest avait une magnifique pipe en ambre, ronde, jaune, et superbe. Je lui disais que je la trouvais belle et il me répondait : « Mais celle que je préfère, c'est celle-là ! » et il me montrait une vieille pipe en bois, hexagonale, beaucoup plus courte.

— Tu sais, ça, les vieilles pipes culottées, ce sont les meilleures.

J'étais censée rapporter les provisions le plus vite possible, mais je restais de plus en plus longtemps à la ferme, ce qui faisait enrager la Virago :

— Tu perds ton temps ! Quand crois-tu que nous allons manger si le repas n'est pas préparé ?

Je ne disais rien de tout ce que nous faisions grand-père et moi. J'y étais trop heureuse. Il m'apprenait des tas de choses. Je pouvais grimper à l'échelle, sauter dans le foin, jouer avec les chiens Ita et Rita, manger des fruits, des tartes que Marthe faisait cuire.

Et puis Marthe cousait des vêtements pour moi, pour que je puisse jouer à mon aise, sans cette jupe et ce chemisier guindé dont la Virago m'affublait. Je jouais comme un garçon, et Marthe avait peur que je me casse quelque chose, mais le grand-père disait :

— Pff ! Ça ira très bien ! C'est bien qu'elle joue ! Laisse-la donc faire !

— Oui, mais enfin, avec cette jupe...

Marthe m'avait donc cousu des petits pantalons bouffants à mettre sous une jupe de même tissu. Elle avait taillé aussi de petites blouses blanches, à manches courtes. C'était joli et j'étais à l'aise ! Mais le jour où je suis rentrée avec ça, quelle histoire !

— Qu'est-ce que c'est que cette tenue ? Qu'est-ce qu'elle a trouvé à te mettre ?

La Virago m'a confisqué mon pantalon bouffant. Marthe a dit que ce n'était rien et qu'elle m'en ferait d'autres que je ne mettrais qu'à la ferme. Grand-père a bougonné après cette « Marguerite » qui méritait mille fois qu'il l'ait mise à la porte de chez lui.

— C'est une profiteuse, une mauvaise... Je lui ai dit un jour de ne plus remettre les pieds ici. Depuis elle envoie son fils, et maintenant c'est toi. Tout ce qu'elle veut, c'est le ravitaillement... Cette famille, mon petit coco, c'est *Les Hauts de Hurlevent* !

J'imaginais des hauteurs où hurle le vent et la Marguerite au milieu avec son fils. Évidemment, je n'ai lu le livre qu'après, mais je comprenais qu'il y avait des histoires de vengeance, de méchanceté dans cette famille. Grand-père détestait les humains en général, je l'entends encore me dire : « Les bêtes, c'est mieux que les hommes. Les bêtes ne te veulent pas de mal, elles sont reconnaissantes, tu ne verras jamais un animal faire la guerre, un animal ne tue que pour manger. L'humain tue pour n'importe quoi. »

Ainsi grand-père m'a-t-il transmis sa philosophie du monde et de la nature. En regardant une simple fourmi transporter un débris, ou en examinant une souris morte, je comprenais avec lui le cycle éternel des choses. Il y avait des animaux et des humains qui mouraient, et qui allaient dans la terre, et dans la terre les vers venaient les manger, et les vers laissaient à la terre de quoi faire pousser l'herbe et les arbres, qui nourrissaient d'autres animaux, et d'autres hommes qui naissaient. Et puis un jour ils mouraient à leur tour, et tout repartait.

— Tu comprends ? C'est ça la nature, un cercle qui revient toujours. Et quand quelqu'un est mort, il suffit d'y penser pour refaire le cercle, alors il est toujours dans ta tête et il n'est pas mort.

Ainsi j'avais l'impression que la mort n'était rien d'important, et que tout recommençait sans cesse. Ainsi je comprenais pourquoi grand-père n'avait pas besoin de parler de son fils.

Il n'avait plus d'enfant. Marthe et lui avaient eu un fils unique, Joseph, mort très jeune, et c'était un grand drame. Parfois Marthe m'appelait Joseph, surtout lorsque je jouais un peu trop brutalement à son goût, en sautant du haut de l'échelle de la grange sur le tas de foin.

— Joseph, attention... Joseph, ne fais pas ça... Joseph, viens ici.

Alors, grand-père m'a raconté et a ajouté :

— Tu sais, elle a eu beaucoup de chagrin quand il est mort. Elle y pense souvent. Si tu veux bien, tu fais semblant de rien et tu y vas quand elle t'appelle Joseph...

— C'est mieux que Monique. Je n'aime pas. Pourquoi on m'appelle Monique ?

— Monique vient d'un mot grec qui veut dire « seul ». Ce n'est pas mal choisi pour toi, tu es seule. Et puis il faut faire les choses par précaution. Tu comprends ça ? Par précaution. Ça n'a pas d'importance les prénoms, moi je t'appelle « coco », tu m'appelles grand-père, Marthe t'appelle Joseph... parce qu'elle pense à lui, chacun a sa raison d'appeler l'autre. Moi, ce vilain Hitler qui empoisonne le monde, je l'appelle le « peintre en bâtiment » parce que ce n'est pas un soldat, c'est un fou qui veut repeindre le monde à sa couleur, et elle n'est pas belle sa couleur, elle est vert-de-gris.

« Et toi mon petit coco, par précaution on t'appelle Monique, parce qu'on ne veut pas qu'il t'arrive du mal.

Faire les choses « par précaution », c'était une expression que mes parents employaient, je la comprenais. Il ne fallait pas faire de bruit par précaution, ne pas sortir par précaution... donc cette précaution actuelle de m'appeler Monique était en relation avec mes parents, je l'ai comprise ainsi. Et puis dans ma tête j'étais toujours Mishke.

— Joseph, il faut te laver ! Viens te tremper dans la bassine !

J'étais devenue un Joseph de remplacement. Marthe ne m'a jamais parlé de lui. Mais parfois, j'apercevais dans son étui à lunettes la photo du petit Joseph. Un gamin, pas encore un jeune homme, en costume marin avec un ceinturon et un sabre. La photo était ancienne, un peu jaune, et lorsqu'elle ouvrait ou refermait en un clic-clac son étui à lunettes, je trouvais drôle l'apparition et la disparition de cet enfant inconnu dont parfois je portais le nom. C'était le cercle de la nature.

Grand-père appréciait, je crois, que Marthe s'occupe de moi, il pensait que je lui faisais du bien. Quel âge pouvait-elle avoir ? Elle me paraissait bien vieille, alors qu'elle n'avait peut-être qu'une quarantaine d'années. Grand-père, lui, était plus âgé, mais il se tenait toujours droit comme un I, fort, grand, avec sa moustache épaisse. À lui, j'ai osé demander où étaient mes parents.

— Mon petit coco, ils ont été arrêtés.

Arrêtés... je ne comprenais pas très bien le sens, alors il a ajouté :

— Les Allemands les ont pris, ils les ont emmenés

avec eux. Les sales Boches, mon petit, c'est les méchants, rappelle-toi toujours ça.

— Mais les Boches, ils ont des enfants, ils sont méchants aussi ?

— Un méchant fait toujours des méchants. Ne t'approche jamais d'eux, ils ne font que le mal.

— Et ils les ont emmenés où, mes parents ?

— Ils les ont emmenés chez eux, à l'est...

J'ai demandé où était l'est, alors les cours ont commencé. Grand-père a sorti un vieux livre de géographie, avec des cartes en couleurs, qui avait peut-être appartenu au petit Joseph, et il m'a expliqué sur la carte de l'Europe d'avant la guerre les points cardinaux. La France était toute bleue, la Belgique jaune d'or, l'Allemagne verte, l'Italie orange... Patiemment, grand-père me faisait lire les noms des grandes villes, en commençant par la Belgique, puis l'Allemagne, la Pologne, la Russie... Il me montrait les frontières dessinées sur la carte, et la guerre partout.

— Tu vois, l'est, c'est là, c'est l'Allemagne... et encore plus loin à l'est, c'est la Russie. De l'autre côté, c'est l'ouest, tu ne peux pas te tromper, si tu ouvres bien grand les bras, tu peux dire que ton bras droit est à l'est de toi, et le gauche à l'ouest, ta tête, c'est le nord, et tes pieds le sud.

Il me semblait, en suivant avec mon doigt sur la carte les pays de toutes les couleurs, que l'est était tout proche. Ma mère était donc là, quelque part dans ce vert sombre, si proche du jaune.

J'ai demandé au grand-père s'il connaissait ma mère, et il a répondu très vite :

— Tu as de jolies oreilles, comme elle. Mais n'y pense pas trop, mon coco, ça te ferait du mal.

Grand-père me donnait des cours de géographie à sa manière. J'ai appris à dire pomme de terre en allemand, il avait vécu là-bas avant la guerre. Selon lui les Allemands, ces « sales Boches », se tenaient toujours raides comme un bout de bois, et ne mangeaient que des pommes de terre et de la choucroute. Les Belges étaient des petits malins, ils se débrouillaient toujours pour contourner la loi, surtout si la loi était boche... Pour parler la langue des Américains, il fallait avoir une pomme de terre chaude dans la bouche, les Français aimaient le vin et raconter des histoires drôles, les Italiens couraient comme des lapins, et étaient copains avec les Boches, les Russes se mettaient de la fourrure sur la tête, ils chantaient, dansaient et buvaient comme des trous !

L'éducation de grand-père reposait sur des bases simples. Leçons de choses, géographie, où finalement j'apprenais mieux que dans une école, leçons de sciences naturelles. Si le chien Ita veut faire des petits chiens à la chienne Rita, il fait comme le bélier fait sur la brebis. Des leçons de sport aussi, apprendre à faire du vélo dans la cour de la ferme, grimper aux arbres, courir après les poules. Et des leçons d'astronomie.

— Regarde la lune... tu vois cette étoile là-bas ? C'est elle l'étoile du Nord. Alors, où est l'est ?

L'est n'avait plus de secrets pour moi, mais je voulais la lune, et en riant grand-père a fait semblant de me l'offrir. Et il me donnait en prime des leçons de chant :

Joli mois de mai quand reviendras-tu
M'apporter des feuilles, m'apporter des feuilles...
Joli mois de mai quand reviendras-tu
M'apporter des feuilles pour torcher mon cul...

Il m'apprenait aussi à rire. Mais la Virago n'appréciait pas du tout les heures que nous passions ensemble.

Elle soupçonnait Marthe de vouloir me transformer en mauvaise fille, parce qu'elle m'avait déguisée un jour en princesse, et maquillé la bouche. Elle avait tort. Elle était persuadée que grand-père disait du mal d'elle, et elle avait raison. Une autre des leçons de grand-père était de ne pas répéter ce que nous faisions ou disions à la ferme.

— Si elle te demande ce que j'ai dit, tu réponds : « Il a demandé de vos nouvelles... » Si elle te demande ce que tu as fait, tu réponds : « J'ai travaillé au poulailler. »

— Mais ce n'est pas vrai !

— Apprends une chose, les méchantes gens se servent toujours de ce qu'on leur dit. Alors si tu ne veux pas lui mentir, à chaque question, tu fais la bête, tu réponds : « Rien ! » Se taire, petit coco, est toujours mieux, par précaution. Si tu crains quelqu'un, n'ouvre pas la bouche. Si tu ne sais pas à qui tu as affaire, ferme la bouche. Ne parle que si tu es en confiance. Regarde les animaux, ils ne parlent pas et pourtant ils se font comprendre. Avec eux tu n'auras jamais d'ennui, et si tu les écoutes bien tu les comprendras aussi.

Les journées passées avec grand-père étaient excessivement remplies et j'étais avide de tout ce qu'il pouvait m'enseigner. Moi qui n'avais rien eu avant que ce vide, ce silence, cet enfermement, pas d'école ni de choses intéressantes, je buvais cet enseignement simpliste.

À force de leçons de ce genre, je me préparais sans le savoir à survivre en terrain hostile, et à ne pas faire confiance aux humains. Les seuls êtres en qui j'avais confiance à part mes parents étaient grand-père et Marthe. Et grâce à eux, je ne les voyais pas morts. Maman et papa étaient à l'est, pas très loin de la ferme, la guerre les avait « arrêtés » là, et comme grand-père disait qu'un jour les Boches allaient perdre la guerre, mes parents ne seraient plus arrêtés, ils pourraient revenir me chercher.

J'étais une enfant solide, costaud, je mangeais à ma faim malgré la Virago, à qui de temps en temps j'allais voler de la confiture ou du pain, la nuit, à pas de loup. Je marchais plusieurs kilomètres par jour pour rapporter de la ferme les paniers de légumes, les œufs, toutes les victuailles que grand-père donnait à son neveu. La Virago en profitait, heureusement pour moi qui mangeais chez elle.

Et Marthe faisait le reste, avec des tartes à la rhubarbe, des confitures de cerises ; elle avait toujours une gâterie à mon intention. Du lait tiède tout droit sorti de la vache, et je portais le seau sans mal jusqu'à la cuisine où elle fabriquait du fromage. Mais je devais retourner dormir là-bas. Et j'y retournais avec des sabots de plomb, obéir, aider au ménage ou à la couture, dormir dans mon cagibi alors que je rêvais de la grande maison de Marthe et de grand-père. Je ne sais pas combien de temps a duré mon séjour chez la Virago, et à la ferme. J'avais perdu la notion du temps depuis que mes parents avaient été arrêtés. Un an au moins, en tout cas.

Grand-père m'a offert un jour, un 12 mai, un bouquet de fleurs. Elles ressemblaient à des papillons, c'étaient des pois de senteur.

Et il m'a dit : « C'est ton anniversaire. »

Il me faisait souvent de petites surprises, en prétendant que c'était mon anniversaire tous les jours. Mais cette fois, il y avait aussi une belle tarte, et il a affirmé que c'était réellement mon anniversaire. J'étais donc selon lui – et il devait le savoir d'une manière ou d'une autre – née un 12 mai. Ce devait être le 12 mai 1941, et je venais donc d'accomplir mes sept ans, puisque ma mère m'avait dit que j'étais née en 1934. Mais je ne suis sûre de rien. Ni des dates ni du temps passé.

Je n'ai jamais oublié ce magnifique bouquet odorant, je revois encore sur la table de cette grande cuisine de ferme les pois de senteur, la tarte, la lumière qui nous illuminait, c'était si clair et si chaleureux. Sur cette table j'avais appris le monde, et j'étais une bonne élève. Quelle joie de reconnaître tel ou tel pays, de mettre mon doigt sur l'Italie, de dire le nom d'une ville et de la montrer ensuite sur la carte.

— Mets ton doigt, mais ne regarde pas le nom, dis-le. Dis-moi les lettres.

Le grand-père avait pris la relève de ma mère pour me faire réciter l'alphabet et écrire des lignes, et compter sur mes doigts. Pour mesurer les choses, je me servais de ma main, tant de mains depuis le sol jusqu'à ma tête. Pour ma taille, je n'avais pas trop de mal, physiquement j'étais une « petite ». Mais tout en muscles, disait grand-père. Il avait là aussi sa façon à lui de jauger quelqu'un. Sa femme, Marthe, était une « grande belle femme ». Et un jour, je serais moi aussi une « grande belle femme ». Pour l'instant, j'étais encore un « petit coco » qui avait besoin de jouer seule, comme un garçon.

Je n'avais pas eu l'habitude de côtoyer d'autres enfants. Marthe avait essayé d'amener un petit voisin pour jouer avec moi, mais les rencontres avaient fini en bagarre et le grand-père avait dit :

— Tu dois la laisser tranquille, elle n'a pas envie, ni besoin, d'avoir des copains ou des copines, ça ne lui convient pas.

Marthe voulait que j'aie des contacts avec les autres. Mais si elle invitait une petite fille, je lui tapais dessus, et si c'était un garçon, je voulais lui prouver que j'étais plus forte que lui. J'étais une solitaire. Et je le suis restée. On m'a imposé la solitude. Je ne l'ai pas choisie mais j'ai dû la subir au début par nécessité pour mes parents, ensuite j'étais seule chez la Virago parce qu'on ne m'aimait pas, et finalement je n'ai plus voulu d'autre compagnie que celle de Marthe et du grand-père.

Mon plus grand bonheur de ces moments avec eux est arrivé par chance. La Virago a dû s'absenter pour voir quelqu'un de sa famille et m'a envoyée chez grand-père. Deux jours magnifiques à la ferme, et surtout un après-midi en ville avec Marthe.

Nous avons marché jusqu'à la station de départ du tramway et nous nous sommes assises dans le wagon. Marthe portait un beau chapeau qu'elle avait fait elle-même, comme le petit manteau et le bonnet avec deux rubans que j'arborais fièrement. Elle avait les mains rugueuses, Marthe, des mains qui travaillaient les champs, mais pour la couture ses doigts étaient ceux d'une fée. Nous avons marché dans une petite rue jusqu'à une grande place où j'ai regardé des vitrines. Étrangement je ne trouvais pas cette expédition inquiétante. C'était pourtant la première fois que quelqu'un me faisait marcher dans la ville, au milieu des gens. Ma main dans celle de Marthe, j'étais à l'abri de tout. J'ai vu des gâteaux dans une vitrine, et Marthe a dit :

— Tu as envie d'un gâteau ? Alors on va prendre un gâteau.

Je n'avais jamais mangé ce genre de chose avant, et ce fut le dernier avant très longtemps. Un tout petit moka, délicieux, crémeux sous la langue.

La Belgique était en pénurie en ce temps-là, le gâteau minuscule, et j'ignore de quoi il était réellement fait. Mais moi qui n'avais jamais vu de pâtisserie, à part les tartes de la ferme, je trouvais que c'était l'abondance ! Après cette merveille, nous sommes entrées dans un magasin de jouets. Et Marthe m'a acheté une poupée qui ouvrait et fermait les yeux... Elle avait un manteau avec un nœud autour du cou, et un peu de dentelle, c'était une jolie poupée et j'en étais très fière et heureuse. Mon premier jouet de petite fille et le seul que j'aie jamais eu. Je la portais comme un bébé. Et puis nous sommes remontées dans un tram pour rentrer. Sur la plate-forme, il y avait un soldat allemand devant lequel Marthe est passée très vite pour aller s'asseoir, en me poussant devant elle. J'avais bien vu l'Allemand, le grand-père m'avait dit : « Fais attention aux vert-de-gris », mais je n'étais pas inquiète. J'étais contente ! Marthe me parlait : « Tu vas pouvoir jouer avec ta poupée à la maison, maintenant laisse-la dormir... »

L'Allemand était immobile sur la plate-forme, à côté de la porte. Quand notre arrêt est arrivé, Marthe a voulu me prendre sous les bras pour m'aider à descendre les deux marches, assez hautes, et la dentelle de ma poupée s'est accrochée dans la baïonnette du soldat. Il n'avait pas bougé, ce n'était pas sa faute, mais celle du mouvement de Marthe pour me faire descendre.

Je me suis mise à crier : « Sale Boche ! »

Marthe m'a tirée vers elle : « Tais-toi ! Ce n'est rien... »

J'aurais aussi bien crié : « Sale vert-de-gris... », je ne me rendais pas compte du danger. Je ne sais pas si le soldat a compris ce que je disais, il a bien vu que la poupée s'était accrochée, mais il n'a rien dit et Marthe m'a entraînée très vite.

Sur le chemin qui nous ramenait à la ferme, elle a dit seulement :

— Mon petit, c'est très dangereux ce que tu viens de faire. Plus jamais, jamais, tu ne dois recommencer !

C'est très dangereux, pour toi, pour nous, vraiment il ne faut pas.

Elle tremblait encore en racontant l'histoire à grand-père, qui en a ri :

— On va fêter ça ! Tu as été bien courageuse, mais tu ne dois pas recommencer !

Alors Marthe a préparé un déjeuner de roi – de la viande, des pommes de terre, des épinards... C'était bon ! Grand-père m'a dit que si je buvais de l'eau après avoir mangé des frites, la graisse allait se figer dans mon estomac. J'ai ouvert des yeux ronds, et ils riaient tous les deux, Marthe n'avait plus peur. Je me rends compte maintenant à quel point elle avait dû trembler. Ils se sont dit quelque chose qui m'a échappé tellement ils riaient, et Marthe a pris de la moutarde, en poursuivant grand-père avec une cuillère. Elle voulait absolument l'en badigeonner ! Cette gaieté m'enchantait. La vie était belle.

Ce soir-là, grand-père m'a montré la lune qui était ronde et pleine, les chiens jouaient dans la cour et refusaient de rentrer. C'était une nuit magnifique, Marthe m'avait donné un pyjama trop grand pour moi, j'ai dormi dans un lit bien douillet, avec des barreaux de cuivre, tout près du leur, et elle m'a embrassée :

— Dors bien, c'était une journée à émotions.

Le lendemain, elle m'a emmenée à l'église, et m'a expliqué que je devais entrer au confessionnal pour dire au curé tous mes péchés. Je ne suis pas certaine d'avoir compris pourquoi. Peut-être parce qu'elle allait elle-même se confesser, et que je devais faire de même, pour avoir l'air d'être la fille de la famille, une petite catholique.

— Un péché, m'a expliqué Marthe, c'est quelque chose de mal, tu diras si tu as fait du mal.

C'était amusant. Je me souviens parfaitement de l'odeur du confessionnal, de la voix invisible qui a demandé après un long silence, car je ne savais quoi dire :

— Alors, qu'as-tu fait ?

J'ai répondu ce qui me passait par la tête :

— J'ai tout fait sauf tuer !

C'était Marthe qui coupait le cou des poules. Pas moi. Je ne faisais que regarder et manger la poule. J'ai dû expliquer mon raisonnement au curé, mais je ne sais plus comment. Et il a parlé assez longtemps ensuite, il marmonnait et je n'ai rien compris, évidemment. J'avais seulement envie de sortir de là. Marthe a dit en me récupérant :

— Eh bien... tu en as pris du temps...

Tout ça ne correspondait à rien pour moi. J'étais juive, je le savais, mais je commençais aussi à comprendre à ma manière ce qu'être juif voulait dire en 1941 pour les gens qui m'entouraient. Il ne fallait ni le dire ni le montrer, sous peine de danger. C'était tout simple.

Dans le cocon de protection où je me trouvais entre Marthe et le grand-père, j'ignorais beaucoup d'événements graves. Le rationnement s'installait en Belgique, les Allemands envahissaient la Russie, et pendant ce temps un nationaliste nommé Léon Degrelle essayait d'entraîner la population bruxelloise sur le front de l'Est aux côtés des nazis. Grand-père lisait les journaux du pays sous contrôle de l'occupant, qui en parlaient avec lyrisme. « *Nous luttons,* disait ce traître, *pour les plus hautes valeurs qui soient sur terre, aux côtés de ceux qui libèrent l'Europe et le monde et que le communisme voulait écraser.* »

L'automne approchait, les verts-de-gris devenaient de plus en plus menaçants sur notre territoire. Et mon cocon était sur le point de se fissurer.

Lorsque je suis rentrée chez la Virago après cette parenthèse si heureuse, j'ai entendu la menace. Cachée derrière une porte, je tendais l'oreille sur les propos qu'elle adressait à une visiteuse de ses amies. Elle venait de me « montrer » à elle, comme un singe de zoo, avec un soupir :

— Tu vois un peu ce que j'ai sur les bras...

J'avais feint de regagner mon cagibi, et j'attendais la suite.

— Dans le fond, si les Allemands gagnent, on la leur donnera... et s'ils perdent, on pourra toujours dire qu'on a fait quelque chose pour elle.

Je venais de faire l'apprentissage du bonheur avec grand-père et Marthe. Avec cette femme, j'achevais celui de la haine.

4

JAMAIS PEUR

Si la haine me donnait la force de me taire, chez la Virago, grand-père m'a montré par son exemple les vertus de la résistance.

Il arrivait que des avions nous survolent. Marthe, terrifiée, voulait se réfugier dans la cave, où un jour elle m'a entraînée avec elle :

— Couche-toi par terre !

Grand-père est arrivé aussitôt.

— Il n'est pas question de ça, allez, hop ! debout ! Tu viens avec moi, moi, si je meurs, je meurs en plein air et je les emmerde, ces salauds de Boches ! La peur, connais pas !

Et il m'a ramenée dans le jardin en gueulant des insultes après les avions, levant le poing furieusement, tout en me rassurant :

— Tu sais, il ne faut pas avoir peur, ils vont bombarder ailleurs. On est trop petits pour les intéresser. Tu n'as pas peur ?

— Non.

J'étais sincère. Je croyais absolument à tout ce qu'il disait. La peur de Marthe m'avait marquée, elle était communicative, mais il venait de l'annuler simplement par sa démonstration de révolte impuissante. Toujours relever la tête, et se dépasser.

— Prends cette bûche, là, et porte-la à Marthe.

La bûche était énorme, trop lourde pour moi, mais j'y suis arrivée à force d'obstination. Cet homme avait sur moi une influence considérable. Il me félicitait lorsque j'apprenais bien quelque chose, il m'encourageait à tout entreprendre sans tenir compte du fait que j'étais une petite fille. Au contraire de la Virago, occupée à m'humilier sans cesse, à dénigrer mes efforts maladroits pour l'assister dans ses ennuyeux travaux de couture :

— Qu'est-ce qu'il y a, tu boudes ? Tu devrais être reconnaissante de ce que je fais pour toi, plus que ta propre mère, crois-moi !

— Ah non ! Ma mère m'a donné la vie !

— Insolente ! D'abord elle est où, ta mère, maintenant ?

C'était d'une telle méchanceté, que cette phrase fait partie de celles que je n'ai jamais pu oublier. « Elle » ne pouvait pas ignorer où se trouvait ma mère. Loin de moi en tout cas, et avec sa capacité de raisonnement d'adulte, elle était forcément consciente de ce qui se passait en Belgique, puisque j'étais là... chez elle, contre de l'argent ! Et elle osait dire ça ! Certes, j'aurais dû lui être reconnaissante de me prendre chez elle et de me nourrir, mais je ne pouvais pas éprouver de reconnaissance. Et j'ai encore du mal à écrire ce mot en me souvenant de son visage tandis qu'elle me parlait. Il y a quelque chose dans mon histoire chez ces gens que je ne comprendrai jamais. Pourquoi était-elle à ce point haineuse de ce qui m'avait amenée « sur ses bras », comme elle disait ? Le grand-père était-il en cause à travers moi ? Certainement, puisqu'elle le détestait, et qu'il le lui rendait bien. Lui avait-il, ce grand-père, d'une manière ou d'une autre, forcé la main pour qu'elle accepte que je porte son nom ? Quelle sombre affaire de famille les opposait ? Je ne pouvais pas comprendre, j'étais seule au milieu d'adultes, sans ma mère, et cette femme n'avait même pas pitié de ma solitude. Je ne pouvais que la haïr chaque jour un peu plus. Et faire des cauchemars la nuit. Des cauchemars terribles où je tombais dans le vide, où je me réveillais en sueur sans personne pour me consoler. Je m'endurcissais, l'angoisse me tenait compagnie la nuit, mais le jour je m'efforçais de résister, d'être rebelle, ou hypocrite. Je la fusillais du regard, je la découpais en morceaux en silence. Je me défendais comme je pouvais.

Au fil des semaines, nos relations devenaient de plus en plus mauvaises. Elle ne cessait de faire des réflexions sur ma stupidité, mon incapacité à apprendre la couture, à faire le ménage. Je n'avais de véritable contact avec personne dans cette maison. J'étais en trop, et sa « merveilleuse bonne » Janine me dépouillait sans vergogne du peu que je possédais.

Grand-père m'avait offert un petit portefeuille vert foncé, tout simple, en similicuir. Je n'avais pas grand-chose à mettre dedans, une plume d'oiseau, une jolie feuille, un caillou... mais c'était à moi. J'ai commis l'erreur de le rapporter dans mon cagibi, alors que d'habitude Marthe conservait mes petits trésors à la ferme – ma poupée, un vieil ours jaune –, elle connaissait trop bien « l'autre », comme on disait. Me souvenant du vol de ma trousse d'école, j'avais voulu marquer ma possession et comme je ne pouvais pas inscrire mon nom dessus, j'ai mordu très fort un coin du portefeuille, pour y laisser la marque de mes dents.

J'avais l'intention de le dissimuler quelque part mais je n'en ai pas eu le temps. J'ai dû m'absenter de mon cagibi, peut-être pour me laver les mains, je ne sais plus, mais quand je suis remontée quelques minutes plus tard, mon portefeuille avait disparu. J'en étais malade, c'était un cadeau que grand-père m'avait donné le jour même.

J'ai ouvert la porte de la chambre de Janine et je l'ai vu posé sur son lit. Je me suis précipitée pour le récupérer et elle a crié :

— Eh ! C'est à moi !

— Non ! C'est à moi ! D'ailleurs mes dents sont dessus ! Je le sais que c'est à moi !

Ça ne l'impressionnait pas. Elle a continué de crier et elle est descendue se plaindre chez « l'autre », moi courant derrière elle, furieuse, certaine cette fois que j'allais avoir gain de cause. Cet objet portait ma marque, personne ne pouvait le nier.

— C'est à moi ! J'ai mordu dedans !

— Et comment est-ce que tu pourrais avoir ça, hein ? D'où ça sort ?

J'avais envie de la mordre, mais je n'ai rien dit. « Quand ça va mal ferme ton bec, disait le grand-père, si tu parles, on pourra toujours s'en servir contre toi... »

Il pensait peut-être à un autre danger, mais je prenais la formule au premier degré.

La Virago le détestait tellement que si je disais que le portefeuille venait de lui, je ne le récupérerais pas de toute façon. Et il ne fallait surtout pas laisser entendre que j'étais heureuse là-bas, j'avais vraiment trop peur qu'on m'interdise d'y aller. C'était mon seul espace de liberté.

Je grinçais des dents devant elle, vraiment, physiquement, elle devait entendre le bruit de ma rage. J'ai conservé ce réflexe à vie. Chaque fois qu'une tension m'oblige à me taire devant une injustice flagrante, ma bouche se ferme, mes dents protestent. Et en moi-même, ce jour-là, je pensais :

« Tu vas voir quand je vais dire ça à grand-père !

J'ai quelqu'un derrière moi qui me soutient, tu crois que je suis seule, mais je ne suis plus seule ! »

Le lendemain, j'ai pleuré en racontant l'histoire à grand-père.

— T'en fais pas. On trouvera quelque chose d'autre, quelque chose de mieux, et cette fois tu le cacheras bien.

Effectivement, il est revenu avec un objet inconnu. Une petite boussole. J'avais l'impression que c'était une grosse dent, et il m'a dit :

— Ça, vois-tu, c'est un instrument très précieux. Je vais t'expliquer : l'aiguille bleue montre toujours le nord. Si tu la mets devant toi, le nord est là. Maintenant, tourne-toi, elle montre toujours le nord. Tu peux te tourner comme tu veux, elle te dira toujours où il est. Et ça, c'est très important. Quand tu sais le nord, tu sais le sud, tu sais l'est et tu sais l'ouest. Avec ça on ne se perd pas. Jamais.

C'était fascinant. J'ai joué dans la cour de la ferme avec cette boussole minuscule. C'était un coquillage à l'intérieur duquel la boussole avait été incrustée comme un bijou. Si petite qu'on aurait pu la porter en bague, mais parfaitement lisible. J'ignorais encore quelle importance elle aurait dans ma vie, je ne faisais pour l'instant que jouer à repérer les points cardinaux. La grange était au sud, le poulailler, c'était plus difficile, sud-est m'expliquait grand-père. Et l'est ? J'avais le sentiment que grand-père insistait beaucoup sur l'est. L'est, c'était une façon de me dire où étaient mes parents. Et l'est, c'était l'Allemagne et la Pologne. En réalité, il ne savait pas où ils étaient, mais l'Allemagne et la Pologne étaient une possibilité. Cette petite aiguille me reliait à eux, comme par magie. Je pouvais regarder dans cette direction, et penser qu'ils étaient là quelque part, vivants. En rentrant chez « l'autre », j'avais déjà décidé de la cachette, ma boussole dormirait dans ma bouche, derrière mes dents, et dans la journée je la porterais coincée dans ma chaussure. Impossible de me l'enlever !

En attendant je jouais encore sur le chemin. Tiens... l'église est à l'ouest. Le chien que j'ai croisé au nord... J'avais une impression de puissance et de savoir. Un secret magique que ne possédaient pas les autres : je ne serais jamais perdue. Maintenant, je peux aller où je veux, quand je veux, les autres ne pourront pas me retrouver, ils se perdront, mais moi je saurai toujours où je suis.

Pour ajouter à la magie de l'objet, il y avait ce joli coquillage qui le tenait serré entre ses dents de mer, une si jolie petite chose... le dernier cadeau de grand-père. Il ne pouvait pas savoir que j'allais m'en servir réellement. Je ne l'imaginais pas moi-même. Les choses se sont précipitées peu après. Un coup de massue sur ma tranquillité fragile. C'était à la fin de l'automne, en tout cas il me semble. Grand-père m'a prise à part pour m'annoncer une très mauvaise nouvelle :

— Petit coco, il ne faut plus venir, parce que ce serait dangereux pour toi, les Boches sont dans le coin et je crois qu'il vaut mieux que tu restes sagement à la maison pour quelque temps. Léopold viendra à ta place.

Il n'avait pas affirmé un interdit définitif, mais je l'ai compris autrement. J'ai pensé qu'il avait déjà dit à « l'autre » de me garder chez elle... et elle voulait me donner aux Allemands... et les « Boches » étaient dans le coin... danger. J'étais juive, je l'avais presque oublié, et voilà que grand-père voulait m'enfermer comme avant, lorsque maman disait :

— Écoute, il n'y a pas moyen, on ne peut pas sortir, on est juifs, il faut que tu le comprennes ! Mais on va prier pour que tout finisse bien et ça ira, tu dois avoir confiance.

Et je récitais avec elle sans bien comprendre la petite prière :

Shema Israel Adonaï eloheinou, Adonaï ehad
Baroukh chem kevod malkouto, leolam vahed

Écoute Israël l'Éternel est notre Dieu, l'Éternel est [Un
Louons Sa glorieuse souveraineté à travers tous les [temps

Je ne pouvais pas rester enfermée avec cette Virago qui me détestait : *Si les Allemands gagnent, on leur donnera la gamine, on se fera bien voir...*

Les idées tournaient vite dans ma tête. Il y avait d'une part la volonté de fuir, et d'autre part l'idée que mes parents étaient à l'est. La seule solution était de les rejoindre.

J'allais donc partir les chercher. Pour moi, l'est n'était pas si loin sur la carte de grand-père, je n'avais aucune notion des distances. L'est – Allemagne ou Pologne –, c'était la couleur verte après la Belgique, presque la ville d'à côté.

J'imaginais que j'allais sortir de Bruxelles et entrer en Allemagne. Marcher, je savais, et je n'avais peur de rien. Grand-père m'avait montré la géographie d'une manière enchantée. Il y avait des forêts à l'est, les Ardennes en Belgique, la Forêt-Noire en Allemagne, c'était plein d'animaux, tout ça devait être très beau... et mes parents seraient là tous les deux, je les trouverais bien. Je n'imaginais pas de villes, de batailles ni de guerre, je ne voyais que ce vert où ils étaient « arrêtés ». Peut-être qu'ils travaillaient là-bas, en attendant de revenir me chercher, mais je n'allais pas patienter, je ne pouvais plus. J'avais ma boussole et avec elle je ne me perdrais pas dans les forêts.

Sans m'en rendre compte, je me retrouvais un peu dans l'univers féerique de ma petite enfance, sous le lit de mes parents, avec mon armée animale. La réalité ne m'effleurait que dans la mesure du danger immédiat et de l'angoisse d'être enfermée chez la Virago pour être donnée aux Boches. Peut-être demain, puisqu'ils étaient dans le coin. J'imaginais un camion qui viendrait me prendre, comme ceux que j'avais vus, dans la rue, le jour de la rafle.

Et l'image de maman me hantait plus que jamais. Un besoin fou d'être avec elle. Il n'y avait plus de sécurité nulle part, puisque grand-père m'abandonnait. Je pouvais dire adieu à la balançoire qu'il avait accrochée pour moi sous le noyer, adieu aux animaux, poules, chiens, moutons, cochons... dans la forêt j'en trouverais d'autres avec qui jouer, ils seraient mes amis. Grand-père avait raison, on ne pouvait pas faire confiance aux humains. J'allais retourner dans la solitude, sans personne, je n'avais besoin que de mes jambes pour marcher, de quelques provisions. Ma boussole et mon obstination à revoir ma mère me guideraient. J'étais costaud, mes jambes étaient solides, je me savais dure à la douleur et j'osais tout faire. Je n'étais pas le genre de gamine à chigner pour un bobo. Je savais me priver depuis longtemps.

On m'a souvent demandé plus tard, mon mari le premier :

— Mais comment as-tu fait pour décider de partir comme ça à l'aventure, en pleine guerre et à huit ans à peine ? C'est fou !

Je n'ai qu'une explication : ma vie ne pouvait pas continuer sans cela. J'ignorais la guerre, les morts. Ma vision des choses avait beau être irréelle, elle me suffisait comme point de départ. Je n'étais ni enfant ni adulte, mais un être à part, je crois, bizarrement construit avec les idées et les enseignements de grand-père, et le vieil homme ne savait pas que je les avais assimilés en les simplifiant à ce point. Je devais me débrouiller pour que personne ne puisse me retrouver, disparaître dans la forêt, me méfier de tous les dangers, donc ne parler à personne, puisqu'on ne pouvait pas faire confiance aux hommes. Mais moi, j'avais confiance en ma solidité et en ma force physique autant qu'en ma boussole pour retrouver mes parents. C'était une idée fixe, obsédante.

J'avais un but et le pouvoir de l'atteindre. Ma décision était prise. Et j'ai commencé à réfléchir à ma manière, à essayer d'imaginer dans ma tête d'enfant comment m'y prendre : « Si je m'en vais maintenant, elle va courir derrière moi ou se débrouiller pour qu'on me rattrape, donc je ne dois pas partir dans la journée, mais le soir, quand tout le monde dort.

« Mais si je pars, je dois avoir à manger. Je vais donc m'organiser comme les enfants que je vois aller à l'école. On leur met un pain autour du cou avec une ficelle enfilée dedans. Donc j'ai besoin d'un pain, et d'un couteau. J'ai besoin aussi de boire, mais je pourrai le faire dans les rivières. Il me faut quand même un petit sac dans lequel je mettrai d'autres provisions. Des pommes, c'est facile à garder. Du pain d'épice aussi. Les chaussures, je n'en ai pas de solides, je dois partir avec celles que j'ai aux pieds. »

Entre le moment de la décision et le moment où j'ai réussi à me procurer ces choses-là, il s'est passé deux jours au maximum.

J'ai d'abord repéré une petite musette accrochée dans le corridor, elle n'était pas très grande, mais solide. Je savais où trouver des pommes au dernier moment, le pain, la ficelle et le couteau dans le tiroir de la cuisine. Je choisirai l'un de ceux que la Virago met à table pour couper la viande. Fin et pointu, avec une lame dentelée.

Ma boussole est cachée dans ma chaussette.

Ce soir-là, j'ai encore dîné avec eux. La mère, le fils, le mari. J'ai fait tout mon possible pour cacher l'excitation qui m'avait envahie. Je savais dissimuler, grand-père me l'avait appris. Je me souviens même que je lui avais demandé si, à force de mentir, je n'allais pas devenir méchante comme « elle ». Il avait souri. D'après lui, j'étais un « bon cœur ».

J'ai mangé tout ce que j'ai pu, d'avance. J'aurais englouti le double si la Virago l'avait permis, mais elle avait toujours la main plus légère dans mon assiette que dans celle des autres. Elle m'a dit d'aller me coucher, comme d'habitude, et je n'ai pris aucun risque, j'ai obéi sans traîner dans le couloir pour entendre ce qu'elle disait. C'était fini, quoi qu'il arrive je partais cette nuit. Je ne pensais plus qu'à ma mère. Je l'aimais à la folie, j'avais souffert de ne pas l'avoir près de moi, je m'étais tue, je n'avais plus pleuré, mais depuis que grand-père m'avait dit de ne plus venir à la ferme, je me sentais encore plus abandonnée que la première fois. Le manque de ma mère était terriblement violent. Je peux dire avec le recul des années que je m'apprêtais à quitter cette maison dans un état second. Obsédée par l'idée que j'étais la seule à pouvoir la retrouver, la seule capable de la sauver, bien que je n'aie jamais énoncé clairement l'idée qu'elle était en danger, probablement parce que je l'occultais.

Ma mère n'était pas morte, c'était impossible. Je m'en suis persuadée jusqu'à ce qu'un jour mon mari me dise :

— Réfléchis... Fais le compte de ton âge et de celui qu'elle aurait...

La nuit de mon départ, je me sentais puissante et je n'imaginais pas partir longtemps. D'ailleurs, la notion du temps m'avait échappé pour toujours. Je pense être restée prisonnière d'un moment de mon enfance. Mais un moment que je suis incapable de déterminer. Pourtant, j'ai une mémoire excellente, essentiellement visuelle. Je me revois parfaitement descendre l'escalier en chaussettes, mes chaussures à la main, en faisant très attention à ne pas faire craquer les marches. Je me vois ouvrir le tiroir de la cuisine, prendre le couteau, et hésiter un instant devant une paire de ciseaux avant de décider que je n'en avais pas l'usage. Puis les laisser sur la table, lames ouvertes, comme un défi, ou une menace.

La musette, les pommes, je n'en ai pris que deux, c'est dire si j'étais naïve... le pain que j'ai troué avec mon doigt pour y entrer la ficelle et la nouer autour de mon cou. Le pain d'épice, ma boussole, et j'ai filé dans la nuit.

Les premiers pas étaient faciles, j'ai couru jusqu'au petit chemin qui mène au canal. J'avais la frousse, mais pas du noir, celle qu'on me rattrape !

Mon idée était de franchir le pont le plus vite possible, de m'éloigner d'« elle » surtout, et de tous les « grands » qui m'abandonnent. Courir, je sais très bien, je courais souvent pour rentrer avec mon panier, afin de gagner du temps à la ferme.

J'étais petite, tout le monde le disait, mais j'avais des jambes plus grandes que moi.

En arrivant sur le talus, près du pont, j'avais encore peur de tomber sur quelqu'un qui me ramène là-bas. Là-bas, c'étaient les « Boches » à coup sûr. Et malheureusement la nuit était suffisamment claire pour que je me dirige, mais aussi pour qu'on me voie.

Hélas, le pont avait été bombardé en partie, et après quelques pas je suis tombée sur un trou.

La seule façon de le franchir était de marcher en équilibre sur les ferrailles restantes, mais l'eau était en dessous, je la voyais noire et luisante, et j'avais peur du vide, peur de faire un faux pas. Je n'avais pas pensé avant de filer que Léopold avait parlé d'un bombardement, qu'il était même allé voir sur place. Ce pont était le seul que je connaissais, en trouver un autre me paraissait impossible ; je ne savais pas où il pouvait se situer et cela m'aurait obligé à longer le canal trop longtemps, au risque d'être prise. J'ai choisi de retourner en arrière, et de me cacher pour attendre la première lueur du jour.

J'ai trouvé un coin, près du canal, pour m'y réfugier et essayer de dormir, mais c'était impossible. J'écoutais tous les bruits, dressais les oreilles au moindre craquement. Une chose est de ne pas avoir peur du noir, autre chose est de passer sa première nuit dehors. Finalement, en écarquillant les yeux, j'ai fini par déterminer l'origine des bruits. Des rats. C'était plutôt rassurant, je craignais bien plus les hommes que les rats. Grand-père disait toujours que les rats étaient intelligents, même ou justement parce qu'ils savaient venir lui voler le grain des poules. Ils étaient nombreux, ces rats autour du canal, mais je n'avais pas l'intention de leur faire du mal, donc ils n'allaient pas m'en faire non plus. De toute façon, ma vision du monde animal était déjà particulière, je l'avais forgée sous le lit de ma mère, et vérifiée à la ferme. C'était un monde supérieur à celui des hommes, bien plus puissant. Avec les animaux tout était simple. Le chien voulait jouer, je jouais, il me montrait les crocs, c'est qu'il voulait rester tranquille, il me léchait la figure, c'est qu'il était content. Il se roulait par terre les pattes en l'air, je faisais de même. Je ne voyais pas de différence par exemple entre un rat et un chat, autre que physique. Il me suffisait d'observer l'attitude d'un rat qui passait non loin de moi pour comprendre qu'il cherchait de la nourriture, et que je ne l'intéressais pas.

Ma véritable préoccupation à ce moment-là, c'était d'être arrêtée par ce trou. J'appréhendais ce passage au-dessus de l'eau, et cette appréhension me retardait dans ma fuite. J'ignorais jusque-là que j'avais peur du vide. Je sautais de l'échelle de la grange, je me balançais haut et fort sous le marronnier, mais cet énorme pont, à quatre piliers, si hauts au-dessus du canal, c'était bien autre chose. Je me parlais toute seule pour m'encourager.

— On va le passer, ce pont, il faut dormir pour avoir des forces. Après on trouvera la forêt des Ardennes, et là on sera à l'abri, bien caché.

Ce « on », je l'utilisais déjà inconsciemment comme une protection depuis que j'étais seule, un souvenir de ma mère disant :

— On va se laver, et ensuite on fera ceci ou cela...

Je m'en suis rendu compte bien plus tard, en tout cas je n'ai plus cessé de l'employer, comme une compagnie invisible.

Je pense que j'ai dû dormir un peu par moments, mais j'ai surtout beaucoup réfléchi à ce que j'allais faire une fois passé ce pont. Ici, je savais où je me trouvais, après, c'était ailleurs, le monde de grand-père sur la carte et des noms de villes que j'espérais reconnaître. Soit pour les avoir répétés avec lui, soit pour en avoir entendu parler par Marthe qui était originaire de Mons. Elle évoquait Charleroi, Namur, Dinant, au sud de Bruxelles. Avec grand-père, ils se souvenaient des endroits où ils avaient bien mangé avant la guerre. Je savais que ce canal allait jusqu'à Charleroi, mais je voulais trouver les Ardennes, la forêt que grand-père m'avait décrite, les grands arbres, les petits ruisseaux, les sangliers, un monde loin des humains, la sécurité pour moi. Éviter les grands comme les petits d'hommes, fuir la menace.

Je devais procéder par étapes et, dans mon esprit, l'aube était la première. Dès que j'y ai vu assez clair, j'ai entamé mon morceau de bravoure. J'ai progressé au bord de ce trou béant en essayant de ne regarder que mes pieds. Chaque fois que mon regard s'égarait un peu, l'eau noire en dessous me rappelait à l'ordre. J'ai avancé sur les morceaux de ferraille tordue, en m'agrippant au reste de grillage de la rambarde. J'avais des difficultés avec ma musette dont la bandoulière était trop longue pour moi et qui se balançait contre mes jambes. Je ne pouvais pas m'arrêter et faire un nœud pour la raccourcir, j'ai dû attendre d'être de l'autre côté sur la terre ferme. Mais arrivée là, j'étais si fière de moi ! Je me suis prise pour un héros, je m'étais montrée courageuse, un bon petit soldat aurait dit mon père.

Je pensais toujours que mon voyage n'allait pas durer longtemps et je caressais l'idée de revenir chez grand-père avec mes parents en disant : « Tu vois, c'est moi qui les ai retrouvés... » Il serait fier de moi lui aussi.

À partir de là je me suis mise à avancer un peu au hasard, d'abord en longeant la route, puis un peu dans les bois. J'ai dormi sous les pins, et repris ma marche.

Les chemins étaient relativement faciles : c'était plat et tout droit. Je suis arrivée ainsi jusqu'à Overijse, le premier village que j'ai atteint en bordure de la forêt. Je devais marcher depuis deux jours peut-être et je n'étais pas très loin de Bruxelles. J'avais déjà dévoré presque tout mon pain par petits morceaux et une pomme entière, j'avais faim, j'espérais trouver par là quelque chose à manger de plus consistant. Je croyais ressembler à un garçon avec mon accoutrement. Je portais un petit pantalon avec une taille élastique que Marthe m'avait fabriqué dans une sorte de molleton, un pull-over gris avec des taches de couleur qu'elle avait tricoté, et une veste courte avec des poches. J'avais enfilé une robe par-dessus le pantalon au moment de partir, mais je l'avais enlevée assez vite, elle me gênait trop. Jusque-là je n'avais rencontré personne. À l'entrée du village, il y avait des gens qui passaient sans faire attention à moi, mais je m'en suis écartée pour me diriger vers les champs, à la recherche d'une ferme. Il y a toujours à manger dans une ferme. J'y trouverais peut-être aussi des chaussures, les miennes me faisaient déjà souffrir malgré les socquettes. C'était encore supportable, mais je savais bien que je n'irais pas loin avec elles.

Je me suis assise par terre sur un chemin de halage à proximité d'une ferme, et j'ai guetté les allées et venues dans les champs. Au bout d'un long moment, j'ai aperçu une femme devant la ferme, elle avait dû me voir, alors je me suis approchée, prudemment. Elle ne pouvait pas me reconnaître, je n'étais pas d'ici et j'étais habillée comme un garçon. De toute façon, j'allais bien m'en rendre compte, je filerais en cas de besoin. Sinon, je lui demanderais du pain.

— Qu'est-ce que tu fais là, gamine ?

J'ai filé sans demander mon reste. Pour l'allure garçon, c'était raté.

J'ai fait une deuxième tentative dans la même journée, j'avais toujours faim, et j'économisais mes derniers morceaux de pain, rassis, en les mouillant bien de salive. Cette fois la ferme était momentanément déserte, j'ai trouvé une porte à l'arrière, et j'ai volé un morceau de fromage, et quelque chose qui ressemblait à un bout de viande. Ce devait être du jambon sec. À ce moment-là, tout ce que je mangeais autre que des légumes, je le baptisais viande.

En ressortant, un petit chien blanc m'a regardée, il m'a suivie un moment, je suppose qu'il avait reniflé ce que je venais de voler. J'ai attendu d'être suffisamment loin pour partager un peu avec lui. Il m'a suivie encore un moment, le village était loin derrière nous, puis il s'est assis, comme s'il ne voulait pas aller plus loin. Je l'ai appelé, j'aurais bien continué ma route avec lui, mais il a rebroussé chemin tranquillement.

Je ne sais plus où j'ai réussi à me procurer des chaussures, des galoches plutôt, beaucoup trop grandes, que je n'ai pas pu garder longtemps. En tout cas, en arrivant près de Dinant, je ne les avais plus. Grand-père connaissait bien cette ville, il m'avait dit que de grands rochers bordaient la Meuse. Après Dinant, je savais que je trouverais les Ardennes. C'est là, je crois, que j'ai commencé à me dire que j'étais descendue trop bas vers le sud, et que je devais me réorienter vers l'est.

J'ai d'abord longé la rivière mais elle n'avait pas l'air d'aller à l'est, et comme je n'étais pas physiquement très présentable, je ne voulais pas éveiller de doute en croisant trop de gens. Mais j'ai dû tout de même traverser plus ou moins la ville. J'avais trop faim, je cherchais une idée. C'est en voyant un petit attroupement sous le porche d'une église que j'ai trouvé le moyen d'avoir quelque chose. Il y avait plusieurs personnes qui tendaient la main à ceux qui sortaient de l'église. Je n'avais jamais vu de mendiants, mais je me suis bien doutée de ce qu'ils réclamaient ainsi. Ils étaient misérables, il y avait même une femme avec un bébé.

En m'approchant, j'ai vu qu'ils récupéraient des pièces, de l'argent, ce qui n'avait aucune valeur pour moi, ni surtout pour mon estomac. Je ne me sentais pas capable d'entrer chez un marchand pour demander quelque chose en échange d'une pièce. Les passants n'avaient pas l'air de me trouver bizarre, mais j'étais encore en Belgique, et j'avais encore peur de me faire prendre et ramener chez la Virago.

Je me suis mise sous le porche, pas trop près des

autres, et j'ai tendu la main comme eux. Une dame a fini par me regarder. Elle s'apprêtait à me donner une pièce, mais je lui ai fait signe en portant ma main à ma bouche que je voulais de quoi manger, pas de l'argent.

Elle a compris car elle est allée dans une boulangerie de l'autre côté de la place et en est revenue avec une couque au beurre.

Je l'ai mangée tout de suite, devant elle. Je ne saurais pas dire si c'était du vrai beurre, en cette période de famine, mais c'était savoureux.

— Tu dois avoir faim, toi, c'est bon ?

Elle n'a pas eu de réponse. J'étais bien décidée à ne pas parler.

Cette femme a été charitable, mais elle ne s'est pas inquiétée outre mesure de voir une enfant de mon âge mendier seule. J'ai vite compris que les gens se fichaient pas mal de la misère des autres, même de celle des enfants. Ce n'était pas un temps où l'enfant était roi. D'ailleurs, si elle avait seulement tenté de me prendre par la main pour m'emmener quelque part, je me serais sauvée. Elle est partie après que j'ai eu avalé la dernière bouchée, contente de sa bonne action.

Je suis restée encore un moment à observer un homme, assis dans une petite charrette de bois. Il n'avait plus de jambes, et manœuvrait son engin à roulettes de ses deux mains. Comme les gens semblaient lui donner plus qu'aux autres, je l'ai suivi quand les mendiants se sont dispersés. Il s'est arrêté dans une ruelle très étroite, s'est relevé et apparemment est rentré chez lui. Il avait trouvé une manière de provoquer la compassion chez les autres. Alors je me suis demandé, en reprenant ma route, ce que je pourrais faire pour susciter davantage la pitié. Un pansement autour du bras devrait suffire, et j'y songerais la prochaine fois. Je pouvais en fabriquer un avec un morceau de la robe déchirée que je gardais dans ma musette. Je m'en étais déjà servie pour protéger mes pieds, mais ça n'avait pas marché comme j'aurais voulu. Le cuir de mes chaussures était devenu raide, il frottait sur le dessus du pied et me coupait. J'avais d'abord enlevé la petite languette de cuir responsable du frottement, mais depuis mes souliers ne tenaient plus, et j'avais des ampoules énormes derrière le talon. Je marchais mal mais je marchais ! J'avais mal, mais j'avançais. Si mes parents avaient su éviter que je sois prise avec eux, ce n'était pas pour me plaindre d'avoir des ampoules en partant à leur recherche. Il fallait que je mette un pied devant l'autre. Que je sois dure avec moi-même. Au fond, je me punissais d'une faute que je n'avais pas commise. Je me croyais coupable de leur disparition. Je m'étais montrée au balcon, c'était ma faute...

Bien sûr, je n'étais coupable de rien, mais l'enfance est ainsi faite, le malheur provoque la culpabilité. C'est à cause de cela que je suis devenue ce que je suis encore, dure avec moi-même. Toujours mettre un pied devant l'autre, s'interdire de souffrir, commander à sa tête de ne rien ressentir, le vouloir jusqu'à l'hypnose, jusqu'à ce que la douleur n'existe plus, surpassée par la volonté.

En quittant la ville, dans une rue en pente bordée de maisons, j'ai aperçu un vélo d'enfant, appuyé contre un mur. Je l'ai pris et je suis partie avec, mais ça n'a pas duré longtemps. Il était vraiment trop petit et j'avais l'impression de faire beaucoup d'efforts pour peu de distance. Je me fatiguais. Je l'ai abandonné en retrouvant la forêt.

Et j'ai continué à marcher à couvert, malgré les ampoules et le cuir coupant, le froid et la pluie. J'endurais. Lorsque la fatigue m'écrasait, je prenais patience dans le moindre refuge. Je dormais la plupart du temps le long des routes, surtout quand il y avait des arbres. Il m'est arrivé aussi de dormir contre des bâtiments de ferme, mais peu souvent. Je choisissais les mangeoires installées à l'extérieur pour le bétail. J'en avais compris l'avantage : je pouvais me glisser dedans, on ne me voyait pas trop, et j'avais chaud. J'aimais aussi les creux d'arbres. Je me souviens d'un très gros arbre si creux et si sale qu'un animal de bonne taille avait dû l'habiter avant moi. Comme j'étais petite, j'avais juste la place de me rouler en boule à l'intérieur. J'y ai passé quelque temps.

Je m'endormais assez facilement car j'étais très fatiguée et je n'avais pas encore l'endurance que j'ai acquise ensuite. Mais j'entendais souvent mon estomac gronder, il me réveillait. J'avalais ma salive, j'essayais de le calmer, il m'arrivait de mâcher des aiguilles de pin, elles me donnaient l'impression de remplir mon ventre. Parfois, je mangeais des feuilles aussi, rien que pour avoir quelque chose à mâchonner.

J'ai pu m'introduire dans quelques fermes, trouver du lard, des œufs qu'il fallait gober. Je n'aimais pas trop le blanc habituellement, le jaune m'intéressait plus, mais je n'en étais plus à faire la difficile. N'importe quoi pouvait servir à me remplir l'estomac. Si je trouvais du pain, c'était bon, du beurre, une fête, un morceau de lard, un festin.

J'ai volé des toiles cirées aussi, que l'on mettait alors sur la plupart des tables de cuisine. Chez grand-père, il y en avait une, Marthe y passait un chiffon après le repas, et elle séchait très vite. Je trouvais l'idée bonne pour me protéger de la pluie et du froid. C'était imperméable sur une face et sur l'autre il y avait une espèce de molleton. Je ne trouvais pas de vêtements à ma taille dans ce qui était suspendu dans les couloirs d'entrée ou les cuisines, tout était bien trop grand, et je ne pouvais pas m'aventurer plus loin dans les maisons. En général, je comptais mentalement le temps que prenaient les habitants pour sortir dans leur jardin, par exemple, et y rentrer. Les maisons avaient souvent une porte sur le jardin, c'était la plus facile. J'observais bien, et dès que la personne ressortait, je fonçais pour m'engouffrer dans la porte restée ouverte, je raflais ce que je voyais tout en comptant mentalement, avec une bonne marge de secours. Si j'avais compté cinq fois dix, je m'autorisais trois fois dix, et je filais sans chercher davantage.

L'erreur avec ma première toile cirée, c'est que j'avais découpé un trou trop grand pour y passer la tête, et quand il pleuvait l'eau entrait quand même. J'en ai trouvé une autre et j'ai procédé autrement, un petit trou pour y passer la tête en force, et qu'elle soit mieux ajustée autour du cou.

Au fil des jours, j'ai peaufiné ma technique de rapine. Elle était très simple, à la mesure de ma fringale. Si j'étais sûre de pouvoir m'introduire dans une ferme, je repérais d'abord la cuisine. Dans la cuisine, il y avait toujours quelque chose qui traînait et surtout un garde-manger. Marthe possédait un garde-manger, tout le monde en ce temps-là, dans les campagnes, s'en servait pour protéger les aliments des mouches. Et le larcin était très facile, il n'y avait qu'à ouvrir la petite porte grillagée, et à prendre. Fromage, charcuterie. Parfois, j'allais jusqu'à soulever un couvercle de marmite pour y plonger la main, et m'enfuir en courant, la bouche pleine.

En Belgique, c'était assez facile de manger et je n'ai pas trop souffert de la faim. Bien sûr, il y avait des jours sans rien qui suivaient d'autres jours sans rien, et j'ai fini par avaler des choses qu'aucun humain qui n'a pas crevé de faim n'avalerait. J'ai mangé des vers, de l'herbe, des feuilles, des baies qui m'ont rendue malade. Mais je savais au moins les éviter ensuite.

Parfois, le soir, j'apercevais au loin des lumières dans les zones habitées. Je les enviais, ces gens qui devaient être bien au chaud, mais j'avais trop peur d'eux pour m'en approcher. Pourtant, c'était pénible de les imaginer en train de manger. Je me sentais la plus misérable au monde, j'en salivais. Manger ! Plus que le froid, la pluie ou les ampoules, c'était ne pas manger le plus difficile. Mais je me reprenais assez vite.

— On ne va pas perdre de temps, on va d'abord grimper jusque-là, dormir là-bas, on ne va pas perdre de temps... il faut qu'on y aille, je veux retrouver maman !

Et c'était le plus important, j'avais son image en tête tout le temps, avec celle de mon père. Je pensais moins à lui, pour une raison fort simple : il était avec elle. Et pas moi. J'étais malheureuse, pas lui.

Et ce malheur fou me donnait la force d'avancer presque malgré moi. Je n'avais pas d'autre issue, il fallait avancer, avancer... et ne pas m'effondrer sur place en pleurant.

J'ai gardé cette capacité dans les moments difficiles, malgré mon âge. Celle de ne pas pleurer pour des problèmes matériels, même une souffrance physique, et d'avancer. Si je n'avance pas, je dors pour oublier. Seule la mort d'un animal peut me faire pleurer.

Quand j'avais mal aux pieds, je parlais à mes pieds. Je me revois très bien leur disant :

— J'ai mal à en crever, mais toi et toi vous n'allez pas me laisser crever, on doit avancer. On doit faire un pas parce que maman m'attend, alors toi tu en fais un autre, et toi un autre... et encore un, encore un...

Je transformais souffrance et épuisement à ma façon, un peu comme un jeu, je ne saurais mieux l'expliquer. J'ai probablement eu de la fièvre à certains moments, je délirais peut-être, mais je ne le pense pas, car j'ai utilisé ce « jeu » pour tout ce qui me faisait souffrir et menaçait de stopper la quête éperdue de ma mère.

Des années plus tard, alors que j'avais la cheville tordue, je lui parlais de la même façon :

— Tu as mal, oh oui ! tu as très mal, mais tu vas faire un effort pour moi et on avance...

Plus récemment, c'était la hanche, elle voulait se briser sans ma permission, et le médecin demandait :

— Vous avez mal ?

— Oui.

— Mais mal comment ?

— J'ai mal mais je ne peux pas dire à quel point, je ne sais pas évaluer la douleur.

Une de mes amies me dit souvent : « Si tu vas voir le médecin, plains-toi vraiment ! Sinon, il te donnera encore de l'aspirine pour une fracture de la hanche ! »

Car le sentiment de douleur varie selon les personnes, il n'est pas dû à la chose elle-même mais bien à une estimation de l'intensité de cette douleur que chacun a le pouvoir plus ou moins grand de révoquer. Toute petite, j'avais déjà ce refus de céder au mal. Je ne voulais pas le laisser m'envahir, et prendre le contrôle de ma tête, c'était instinctif. Si je me faisais une bosse, c'était ma mère qui s'en inquiétait, pas moi. Je m'écorchais le genou, je n'y prenais pas garde. Je sais maintenant que chacun a sa propre sensibilité à la souffrance. Et la mienne est en bas de l'échelle. Le mal n'avait pas à commander, c'est moi qui commandais. Mes jambes gonflaient, mes mollets avaient mal, mais ils étaient là pour me porter. Leur devoir à eux était de marcher.

Ils ne devaient pas m'empêcher de retrouver ma mère. Maman allait me dorloter, soigner tout ça, je devais la retrouver, il n'y avait qu'elle qui pouvait comprendre et faire quelque chose, la seule en qui j'avais confiance, la seule qui peuplait mes rêves sous les arbres.

Dans les Ardennes, je suis tombée par hasard sur une cabane de bois, probablement un refuge de forestier ou de chasseur, une aubaine. Mais quand je n'avais que les arbres, je les choisissais avec soin. Les sapins étaient mes favoris, les branches étaient très grandes et basses, c'était doux en dessous et, quand il pleuvait, ce qui n'a pas manqué en Belgique, j'étais parfaitement protégée.

J'avais découvert l'importance de l'observation, pour tout. Observer ce que les gens faisaient afin de pouvoir l'utiliser à mon profit. Si quelqu'un abandonnait des chaussures devant sa porte, si l'homme et sa femme s'en allaient ensemble, comment ils étaient vêtus, avaient-ils une tenue pour partir assez loin et longtemps, ou seulement pour s'occuper de leurs patates, s'il y avait des patates... Creuser pour déterrer trois pommes de terre, c'était facile ; ramasser des œufs, plus risqué, en raison des poules qui piaillaient. Mais je savais faire.

Faucher des galoches en deux secondes, ce n'était pas difficile, mais elles étaient lourdes à mes pieds. Je les ai remplies de vieux papier pour ne pas les perdre, et j'ai constaté que mes pieds couverts de plaies étaient noirs d'encre d'imprimerie, le papier avait déteint, des lambeaux se collaient aux blessures, c'était pire. Je me suis lavée tant bien que mal dans une petite rivière et ce papier que j'avais précieusement conservé, j'ai dû m'en débarrasser.

Ma crasse me tenait chaud. Je ne m'en préoccupais pas. Tout au début, avec mes parents, nous n'avions de l'eau au robinet qu'à certains moments. Personne n'était strict sur la toilette. Je me souviens d'un bain dans une bassine avec ma mère, surtout pour me laver les cheveux, autrement, c'était une toilette de chat au robinet. J'ai pris aussi un bain une fois à la ferme, dans un grand baquet. C'était dans la cuisine et Marthe l'avait rempli avec les bouilloires qu'elle mettait sur le feu. C'était amusant.

Dans ma course vers l'est, l'eau ne me manquait que pour la soif, et je trouvais toujours un petit ruisseau, un filet d'eau quelque part pour m'abreuver.

Parfois, je mangeais trop goulûment le produit de mes rapines, et mon estomac vide se retournait d'un coup. Je vomissais, et c'était terriblement frustrant, comme si je m'étais donné toute cette peine pour rien. Le seul avantage, c'est que le mal d'estomac m'empêchait ensuite de sentir la faim, ce qui me sauvait une journée de recherche. Mais la faim revient vite.

Le fait de parvenir à survivre jour après jour, d'être en liberté, maîtresse de mon existence, me donnait une vraie estime de moi. Et je considérais les adultes comme des imbéciles.

— Je suis plus forte qu'eux. Eux, ils ont besoin d'une maison, ils ne savent pas faire ce que tu fais... ils ne sont pas courageux, ils ont peur du froid de la nuit. Toi, pas.

Je vivais encore avec mes serpents najas, mon armée animale, je parlais à mes troupes, je parlais aux arbres comme à mes jambes, à mes mains, à mes bras. Je leur disais que tout allait bien, que nous étions imbattables.

C'était ainsi, je me mettais les choses en tête telles que je voulais qu'elles soient. Lorsque j'avais fini ma journée, je me félicitais :

— C'est bien... t'es un bon petit soldat, tu as gagné une journée. Alors demain, on en aura une autre. On a froid, on ne doit pas penser qu'on a froid. Penser qu'on a froid, c'est avoir froid. On ne va pas penser à ça, ça va très bien.

Et je m'arrangeais une petite litière, je me mettais en boule, comme un chat, je me frottais les membres et la fatigue faisait le reste, je tombais endormie, les pieds enroulés dans ma toile cirée, ou bien dans un châle volé. Au creux d'un arbre, dans un fossé, ou dans les aiguilles de pin. Il y avait toujours moyen de se persuader que le meilleur abri de la journée était celui-là, et que j'avais gagné un jour de plus.

Pour moi, ça n'était pas de la solitude, j'étais une enfant solitaire depuis toujours. C'était une mission.

5

LA FAMINE

J'avais pris l'habitude de compter pour passer le temps. Mon premier souvenir de cette manie remonte à une image insolite. Je suis dans une sorte de cave avec papa et maman, la seule ouverture est un petit soupirail qui donne au ras d'un trottoir, et je vois passer les pieds des gens. Je compte les pieds des gens. Où était-ce ? Je n'en sais rien. Sans doute le logement précédant celui où ils ont été arrêtés.

Le deuxième souvenir est cet affreux moment où j'attendais mon père sur les marches de l'école. Là aussi je comptais. Il me semble qu'on m'avait dit : « Si tu attends quelque chose, compte et ça viendra. » J'étais une enfant impatiente, rebelle, quand je voulais quelque chose je le voulais toujours tout de suite et obstinément. Je ne peux pas me souvenir de quoi exactement, j'ai une excellente mémoire, mais mémoire et souvenirs ne coïncident pas forcément dans la petite enfance.

Sur mon chemin dans la forêt ou dans les plaines, je comptais les pas, les arbres, les étoiles, je me parlais en chiffres pour avancer. Encore dix arbres et tu t'arrêtes. Encore tant de pas et tu te reposes. J'arrivais sur une hauteur en pensant qu'il y aurait un village, et rien : une vallée magnifique, un cours d'eau, mais rien. Et je me disais :

— On fait quoi maintenant ? Si on veut manger, il faut avancer. Bon... on marche jusqu'à la rivière. Là, je boirai, on fera le point.

Et ainsi je ne m'arrêtais qu'à la tombée du jour pour chercher un abri pendant qu'il faisait encore clair.

Souvent, des gens m'ont demandé comment j'avais fait justement pour continuer d'avancer. On avance d'abord pour trouver à manger. Et on avance ensuite parce que l'on croit toujours que là, derrière l'arbre, derrière le gros talus, apparaîtra un village, des gens ou un panneau qui permettra de suivre une piste.

Et, dans mon cas, on avance aussi parce qu'on ne peut plus reculer puisqu'il n'y a rien derrière soi. Lorsque j'étais assise le soir, épuisée, avant de m'endormir je repensais à ma journée de marche en me disant : « Ils sont à l'est, quelque part, et si je m'arrête je les trahis. Il faut que j'avance encore demain. »

Et si je butais sur une difficulté, je me parlais en « on ».

— On s'est un peu perdu et on marche mal.

J'avais récupéré d'énormes sabots au cours d'une expédition, hélas bien trop grands pour moi, mais je m'étais obstinée à les enfiler par-dessus mes propres chaussures, et ça n'allait pas du tout. J'avais beau les encourager, mes pieds avançaient comme des pierres. J'ai dû abandonner les sabots. Je me suis reposée quelque temps près d'une jolie rivière, j'y ai vu des cascades, croisé des marcassins qui couraient comme des lièvres. J'y serais bien restée plus longtemps. Mais la faim m'a poussée en avant. La forêt devenait moins dense, et par moments je me retrouvais en plaine. Là, je comptais les maisons au loin, avec toujours l'obsession de me procurer de la nourriture et des chaussures.

J'ai trouvé de quoi manger – un morceau de viande crue, un véritable délice pour moi. Marthe m'en avait fait goûter une fois, j'ignorais de quelle chair il s'agissait et peu m'importait, j'avais aimé mordre, et déchiqueter le petit morceau rouge comme un chien dans la main de Marthe. J'ai retrouvé cette sensation de contentement avec ce bout de viande volé. Parfois, je me surprenais à retrouver en imagination le goût des aliments que j'avais connus. Le bleu de méthylène, je n'aimais pas du tout ! Ma mère m'en avait badigeonné la gorge et c'était mauvais. L'huile de foie de morue était bonne à prendre à la cuillère. Ma mère me serinait que ça donnait des forces. La viande était le mets le plus goûteux. Avec le sucre. De la viande, j'en dénichais de temps en temps dans les cuisines de ferme – lard, graisse ou viande séchée – mais le sucre était rare. Depuis le gâteau mendié, je n'en avais vu nulle part, ça ne poussait pas dans les champs avec les pommes de terre. D'ailleurs, les champs commençaient à geler. Il devenait de plus en plus difficile d'y déterrer quelque chose.

J'ai longé une voie de chemin de fer, elle me semblait convenir à ma direction. Dans la forêt que je revoyais sur la carte de grand-père, il m'était impossible de marcher en ligne droite, je me trouvais face à des collines escarpées, des ruisseaux à franchir.

Lorsque l'aube se levait, je cherchais la lumière, je tournais ma boussole dans sa direction, je repérais le E de est, et je reprenais la marche. Je la secouais parfois, parce que l'aiguille collait et me faisait douter de son fonctionnement. Il fallait seulement le temps qu'elle se mette en place. J'ai souvent eu peur de l'avoir perdue. Elle me donnait des sueurs froides. Je la croyais dans ma poche ou dans ma musette, et je ne la trouvais pas. Je la dénichais dans un repli, enfouie derrière un morceau de nourriture, invisible, tellement elle était petite ! Et pour traverser les rivières je la mettais dans ma bouche.

Le froid était en train de s'installer et les gelées du matin m'obligeaient à trouver des refuges plus chauds. Donc à approcher des fermes, où il était possible de se dissimuler dans du foin, ou dans une étable. Les museaux fumants du bétail étaient aussi réconfortants qu'un bain chaud. Mais je préférais la porcherie, il y avait toujours un reste dans la mangeoire des cochons. Le froid m'exposait au danger. Les granges pouvaient se révéler un piège si je m'y endormais trop longtemps. Lorsque je m'y réfugiais, j'avais pris l'habitude, par précaution, de déclouer une planche pour être certaine d'avoir une issue quoi qu'il arrive. Je dormais dans une mangeoire bourrée de paille, aux aguets mais au chaud.

J'ai même pris le risque de traverser un gros village, sans que les habitants fassent attention à moi. J'étais sale, mais pas encore en guenilles, avec ma petite veste humide recouverte d'un châle que je traînais avec moi depuis quelque temps, mon bonnet bleu tricoté par Marthe enfoncé jusqu'aux oreilles. Une mendiante qui ne mendiait pas, et dont personne ne se souciait. Je marchais l'air déterminé, en me tenant bien droite comme si je me rendais à un endroit précis mais toute prête à détaler si quelqu'un m'interpellait. J'étais sûre de courir plus vite qu'un poursuivant éventuel. J'ai trouvé une paire de bottes dans ce village, posées devant une porte. Trop grandes toujours, mais avec mes socquettes et des lambeaux de tissu, mes pieds meurtris étaient au sec pour longtemps.

Ma route ensuite n'a pas rencontré beaucoup de fermes ou de maisons. Je ne sais plus où j'ai dérobé une poignée de poissons séchés, où j'ai vu jouer des loutres, où j'ai découvert une racine de sureau, aigre, et des châtaignes minuscules, et des pommes sauvages, où j'ai mâché des fleurs d'eau. Avec les années, les images sont toujours précises, comme imprimées dans mon cerveau, mais leur enchaînement n'est plus aussi sûr. J'ai essayé d'attraper des poissons dans un lac, sans succès. J'ai vu un lièvre pris au piège dans un collet, que j'ai pu délivrer, et qui m'a griffée de rage. Il ne pouvait pas savoir que je n'étais pas l'humain responsable de son malheur. D'autres n'avaient pas eu sa chance, je les découvrais morts. À ce moment-là je n'étais pas assez affamée pour me nourrir de charogne. Je passais mon chemin.

Je revois ce drôle de souriceau à longs poils, que j'ai récupéré dans un trou de terre, c'était un bébé abandonné. Il avait certainement échappé au massacre de ses parents par un oiseau de nuit. Je lui ai rapporté des graines trouvées dans les buissons, je l'ai fait boire d'une goutte au bout de mon doigt. Et puis je l'ai relâché avec beaucoup de recommandations. Il devait faire comme moi, marcher tout seul comme un petit soldat, il n'y avait que ça à faire. J'étais encore en Belgique, mais plus pour longtemps. Je ne saurais dire combien de jours j'ai marché dans mon pays. Mais je ne n'ai pas dû mettre énormément de temps, même compte tenu de mon écart de route vers le sud. J'étais partie à l'automne, et l'hiver pointait sérieusement du nez lorsque j'ai vu un immense fleuve, large et puissant, me barrer la route. C'était le Rhin.

Bien plus tard dans ma vie, j'ai tenté de reconstituer cette première partie du parcours sur une carte de Belgique. Les noms aperçus à l'époque sur les panneaux m'étaient suffisamment familiers pour que je sois à peu près certaine de mon itinéraire. Depuis le pont détruit sur le canal, j'ai dû passer par Watermael-Boitsfort, puis Overijse, Gembloux, Jemeppe, Bois-de-Villers. Là, j'ai franchi la Meuse, puis aperçu Yvoir et traversé une partie de Dinant. J'ai longé ensuite une voie de chemin de fer, pour me retrouver près de Marche-en-Famenne, et j'ai marché dans les Ardennes belges où je suis tombée sur cette jolie rivière près de laquelle je me suis attardée, c'était l'Ourthe.

J'ai gardé de l'Ourthe un souvenir de cascades féeriques pour m'y être abreuvée, ensuite j'ai atteint Malmédy, et là je ne me souviens plus de ce que j'ai fait, mais au lieu d'aller vers l'est je me suis retrouvée à Montjoie. J'ai dû traverser la Moselle aux environs de Coblence et puis atteindre le grand serpent d'eau du Rhin. Je n'en avais jamais vu d'aussi large.

Même de loin, celui-là était plutôt noir et très impressionnant. Je savais que j'étais en Allemagne. Cachée dans un taillis, j'avais entendu des voix d'hommes parler la même langue que mon père lorsqu'il ne voulait pas que je comprenne ce qu'il disait à maman. Par contre, où et quand étais-je entrée en pays ennemi ? Mystère. Il y avait évidemment plusieurs jours. Les frontières existaient sur la carte, pas sous mes pieds, et les chemins que j'avais empruntés ne menaient pas directement aux barrières officielles. Il n'y a pas de frontières pour les animaux.

J'ai eu l'impression bizarre, à partir de là, d'être proche de mon père. Et en même temps un sentiment de danger nouveau. Les Boches. J'y étais, j'avais atteint l'est, ce point mythique que dans mon imagination enfantine je reliais à mes parents. Et je ne savais plus quoi faire, à part aller plus loin. « On » allait donc trouver un pont, et attendre la nuit.

J'ai longé prudemment le fleuve de loin, tout en l'observant attentivement. Je ne m'attendais pas à une pareille masse d'eau. Un filet bleu sur une carte ne peut pas donner cette image. Grand-père m'avait parlé du Rhin mais de façon assez simpliste, en le suivant du doigt sur la carte comme il le faisait pour les rivières de chez nous avec un commentaire à lui : « Un bout en Hollande, un bout en France, le reste chez les Boches, et maintenant ils veulent tout prendre... »

Cette description ne m'avait pas donné l'idée d'un monstre d'eau. Le pont que j'ai aperçu en premier m'a paru trop fréquenté, il devait y avoir une ville au-delà de la brume. Une ville allemande, où il ne fallait certainement pas que j'aille me promener. Je n'étais plus à Schaarbeek, banlieue nord de Bruxelles, ce n'était pas le canal filant vers Charleroi.

Je me suis assise par terre, assez désorientée devant ce géant noir d'un nouveau monde. Avais-je cru qu'en arrivant au but il me suffirait de demander à quelqu'un où étaient mes parents ? Que faire à présent ? Trouver un autre pont et passer de l'autre côté.

J'ai marché longtemps avant de dénicher celui d'après, beaucoup plus étroit et qui me semblait désert. Mais, par prudence, j'ai passé la nuit dans les broussailles, recroquevillée sur mon angoisse. J'avais froid, d'un autre froid que celui du brouillard. Celui de l'ennemi. J'imaginais des uniformes vert-de-gris partout. Les Boches de grand-père. Les pinces à linge de mon père, lorsqu'il formait sa petite armée ennemie face à la mienne, pour m'apprendre la « stratégie militaire ». Ce mot compliqué pour mon âge recouvrait une notion simple : gagner en déjouant les mouvements d'encerclement de l'adversaire. Nous avions quatre régiments chacun et des bataillons de trois ou quatre pinces à linge... J'avais retenu des jeux précédents qu'il fallait faire une percée ou bien rester sur ses gardes en contournant insidieusement l'ennemi par petits groupes. Je n'ai gagné qu'une seule fois, j'avais réuni mes troupes et foncé droit sur l'ennemi, d'un coup, tous mes bataillons déployés. Mon père avait beaucoup ri :

— C'est une mauvaise tactique... Tu joues contre les lois de la guerre.

— Alors il faut les changer !

Maintenant, je ne pouvais plus jouer contre les lois de la guerre. Mon père avait fui l'Allemagne avec ma mère, et ils avaient dû me mettre à l'abri parce que nous étions juifs. Grand-père avait dit que je ne devais pas revenir à la ferme parce que « les Boches étaient dans le coin ». J'avais un jour crié « sale Boche » dans le tramway, et Marthe m'avait grondée parce que je mettais tout le monde en danger... Mon père assurait qu'il ne porterait jamais l'étoile juive, même si c'était obligatoire, il employait même un gros mot pour l'exprimer et ma mère lui faisait signe : « Chut ! Pas devant la petite ! »

Et ils s'étaient fait arrêter tous les deux. Parce qu'ils ne la portaient pas ? Je n'en avais pas non plus, et à quoi rimait cette étoile qu'il fallait porter ou ne pas porter ? Je n'avais pas encore compris le symbole, puisque je n'en avais jamais vu ailleurs que sur le chandelier de ma mère. Grand-père ne m'en avait pas parlé, il n'était donc pas menacé par cette étoile. Donc, c'était après moi que les Boches en avaient.

Tout se bousculait dans ma tête de gamine. J'ignorais tellement de choses sur cette guerre, j'étais tellement perdue ! Si les adultes m'avaient expliqué clairement ce qui se passait, au lieu de me dire comme la Virago : « On ne parle pas de ça ! » Si cette femme en noir m'avait raconté comment et pourquoi elle était venue me chercher ! Si grand-père ou Marthe m'avaient fait prendre conscience de mon malheur au lieu de m'habituer à un bonheur provisoire... et de m'apprendre où se trouvait l'est... J'aurais fugué quand même, j'en suis certaine, mais probablement pas si loin. Quoique...

Dans mon désespoir, en face de ce grand fleuve, je n'ai pas raisonné de cette façon. De ce fouillis dans ma tête, je n'ai retenu qu'une règle : une petite fille juive ne devait jamais s'approcher d'un Allemand.

Mais j'étais là maintenant, au milieu d'eux, et encerclée. Où y avait-il un pays sans Allemands ? À quel endroit se trouvait la ville avec des juifs « arrêtés » et où vivaient mes parents ? Grand-père ne m'en avait pas dit suffisamment sur l'Allemagne pour que je sache où me diriger, il était grand sur la carte, ce pays, il y avait beaucoup de villes. Même si je me faufilais dans l'une d'elles, et même si les Allemands ne savaient pas forcément que j'étais juive, je ne pourrais parler à personne ! Je n'avais retenu que trois ou quatre mots d'allemand... dont le principal était *Kartoffel*, « pomme de terre ». Si je tentais une percée, j'étais prise. C'était l'autre règle qu'il fallait observer, demeurer invisible et muette en contournant l'adversaire.

Je mélangeais tout, des bribes de savoir, les phrases de grand-père, celles de mon père. Je ne pouvais faire aucun plan immédiat comme je l'avais fait jusque-là. Avancer jusqu'à l'arbre au loin, la colline au loin, et recommencer le lendemain.

Et surtout la réalité me sautait au nez : être invisible et muette, cernée par les Allemands, cela voulait dire aussi ne pas pouvoir trouver mes parents.

Je ne voulais pas de cette réalité. Je devais donc continuer d'avancer quand même parce que je n'avais pas le choix. Il y aurait bien un signe un jour qui me guiderait vers eux. Mais je devais fuir la ville que je devinais après ce pont.

Le ventre creux et poussée par la peur, je suis passée sur l'autre rive, filant comme une souris, sur ce pont où ne courait avec moi qu'une ligne de chemin de fer. J'avais l'espoir de retrouver la protection des arbres de l'autre côté. Je ne me sentais bien qu'au milieu des grands arbres.

Mais la forêt ne valait pas celle des Ardennes, ce n'était la plupart du temps que des bosquets proches des habitations humaines. Ne sachant pas où aller, j'ai suivi simplement la voie de chemin de fer. C'était l'endroit le plus désert, bordé de buissons où je pouvais me mettre à l'abri en cas de danger.

J'ai eu rapidement si faim et si peur d'approcher d'une maison, que je me contentais de grappiller dans les champs des pommes de terre. Je grattais aussi les écorces des bois pourrissant pour en sortir les vers. Et je n'étais même pas dégoûtée, j'avais trop faim. Je cherchais de la viande, instinctivement, sans savoir que les vers étaient des protéines. Et je parlais aux vers, je leur disais : « Je suis désolée, mais je dois vivre. Tu me fais vivre, merci beaucoup. »

Petit à petit, j'ai appris à repérer les rassemblements de corbeaux. En trouvant ma première carcasse animale, j'en avais dérangé. Dès que j'en voyais tournoyer au-dessus de ma tête, je savais qu'il y avait un animal mort que je pouvais manger, peu importe ce que c'était. Je raclais avec mon couteau les débris de chair. J'ai réussi de cette façon non seulement à manger un peu, mais encore à me procurer, à partir d'une charogne de lapin, des lambeaux de peau pour envelopper mes pieds brûlés par le froid. J'avais vu Marthe dépouiller un lapin, elle l'accrochait à un clou de la grange, le saignait, découpait la peau sous la tête, et tirait presque d'un coup. Dans mon cas, c'était beaucoup plus laborieux, l'animal était décomposé, je raclais difficilement la chair morte dans une odeur pestilentielle. Ça sentait la mort, c'était écœurant. Après un patient travail, j'ai récupéré de quoi tapisser mes bottes à l'intérieur, le côté fourrure sous la plante des pieds. J'étais fière de moi, ça marchait, je gardais un peu plus de chaleur. Et j'en ai remercié le lapin, presque comme une prière.

— Tu es mort mais tu me sauves, je ne vais pas avoir froid, je te remercie.

J'ai toujours eu besoin de dire merci à l'animal qui

me procurait un soulagement. Mais si je volais un humain, je n'avais aucun remords, en tout cas je n'avais pas conscience de voler, au contraire. Les humains m'avaient volé mes parents, et je les haïssais.

Je ne me suis pas approchée d'une de leurs maisons avant très longtemps. J'avais bien aperçu une cabane, elle paraissait isolée et je l'avais observée soigneusement avant d'abandonner l'idée d'y trouver quelque chose à manger. Manger était mon obsession, bien plus que le froid de l'hiver allemand, qui n'était pas si terrible. Mon ventre criait famine, la tête me tournait. Je ne pouvais m'aventurer dans les champs qu'aux premières lueurs du jour, pour éviter toute présence humaine. J'ai été atrocement malade, je vomissais, j'avais des diarrhées incoercibles qui me tordaient le ventre, et coulaient le long de mes jambes, c'était abominable. Des crampes dans le ventre, la nausée. Mais je me disais :

— Mes jambes, mes pieds, mes mains, mon estomac, on se tait ! C'est moi qui commande. Vous avez vraiment mal, mais il faut avancer parce que je dois trouver maman. Alors, vous allez arrêter de faire du bruit.

Heureusement, je n'ai jamais manqué d'eau. Elle était parfois croupie, mais souvent je pouvais me rassasier d'un minuscule filet d'eau claire dans un pré. J'en remplissais mes mains, je suçais des cailloux comme des bonbons.

En Allemagne, j'ai même mangé de la terre, pour essayer de calmer mon ventre. Le pain me manquait terriblement. Je n'avais pas eu beaucoup de mal à en voler en Belgique, et, comme je l'aimais beaucoup, il était l'essentiel de mes repas. La vision du pain, le rêve d'en manger, m'a poursuivie pendant des années ensuite.

Lorsque je sentais venir un vertige de faiblesse, je m'arrêtais près d'un arbre et j'en grattais l'écorce pour la mâcher. Je vomissais presque aussitôt, mais curieusement j'avais moins mal pendant quelque temps. Je l'insultais, cette terre, après l'avoir vomie, elle faisait pousser tant de choses ailleurs alors que je crevais de faim ici.

— Qui va me nourrir ? Donne-moi à manger !

Elle ne me donnait même plus de pommes de terre. Dans le meilleur des cas je n'avalais que des baies sauvages et amères, des racines ou des restants de carcasses immondes dont je rongeais les os.

Je me parlais sans cesse ; je devais être dans un état second provoqué par la famine et un isolement profond, mais je poursuivais toujours et obsessionnellement mon but.

— Je suis venue jusqu'ici, s'il m'arrive quelque chose maintenant et que je ne peux plus marcher, je ne vais pas retrouver maman, elle ne saura jamais ce que je suis devenue, je ne peux pas faire ça.

Alors, je me mettais sous la dent une écorce, n'importe quoi, je la restituais trois mètres plus loin, et je recommençais, pour avancer. Je n'avais que ça en tête, avancer, ne pas rester sur place. Je ne pensais pas à la mort. J'ignore pourquoi je n'ai jamais envisagé de mourir. Ça n'existait pas pour moi. Mes parents eux non plus ne pouvaient pas être morts. Peut-être qu'ils l'étaient à ce moment même, qui sait, mais j'en ai toujours douté.

Un jour est apparue la merveilleuse vision d'un champ de pommes de terre ! Je n'en avais pas rencontré depuis longtemps. J'étais cachée à plat ventre dans un fourré, j'observais deux hommes dans ce champ qui discutaient entre eux. Je ne comprenais pas, j'étais trop loin. Je me suis avancée doucement. En réalité, ils chantaient une chanson en français qui parlait de liberté. J'étais hypnotisée, non par la chanson aux consonances familières, mais par les pommes de terre entassées à leurs pieds.

— *Liberté, liberté chérie... Le printemps refleurira, Liberté, liberté chérie, Je dirai tu es à moi...*

Je crevais tellement de faim que la prudence n'était plus de mise. Je me suis redressée et j'ai avancé vers eux. J'allais mendier ou voler, je ne savais pas bien.

Ils m'ont vue très vite, et l'un d'eux m'a interpellée, en allemand, alors j'ai eu peur, je ne comprenais pas ce qu'il voulait. Mais qu'il emploie ensuite le français ne m'a pas choquée. Mon père parlait indifféremment les deux langues, ce n'était pas pour ça qu'il était allemand. À ce moment-là, j'ignorais que des prisonniers français travaillaient pour les Allemands, et je ne me posais même pas la question de savoir qui étaient ces hommes.

Je ne voyais qu'une chose, l'un d'eux me lançait des pommes de terre comme on lance un os à un chien, en criant : « Allez la gosse ! Fais vite, ou la grosse Bertha va nous voir ! »

Je ne savais pas qui était cette grosse Bertha, ça m'était bien égal. La paysanne qui les employait, ou une blague de grande personne.

Je me suis approchée, méfiante, prête à filer si on faisait un pas dans ma direction. Et j'ai ramassé les pommes de terre, en ne perdant pas de vue l'homme le plus proche de moi.

— Qu'est-ce que tu fous là ? Tu as des parents ?

Et là, j'ai eu soudain des larmes dans les yeux, paralysée par le mot « parents ».

— Eh ! Tu ne serais pas juive par hasard ? Hein ? Qu'est-ce que tu cherches ?

J'ai ressenti tout aussi violemment ce mot « juive », comme s'il était marqué sur ma figure. Je pleurais, sans répondre. Sans oser non plus quitter cet homme des yeux.

— Petite, tu trouveras personne par ici. Ils sont tous à l'est.

Encore l'est ! J'ai filé avec mes pommes de terre, tellement couru qu'au bout d'un moment je ne savais plus pourquoi je courais. La peur ? Le choc d'avoir entendu parler de mes parents ?

Sans même essuyer la peau pleine de terre, j'ai mangé mes pommes de terre en mâchant longuement, pour ne pas vomir, j'avais trop peur de gâcher ce trésor dont j'avais tant besoin. Depuis quelques jours je ne voyais plus très clair, ma tête flottait bizarrement dans le vide. Ma musette aussi.

Je me suis reposée assez longtemps après. Je ne marchais pas beaucoup et j'ai fait durer la nourriture plusieurs jours en réfléchissant à l'est. Je me croyais à l'est, mais si je me remémorais la carte de grand-père, il y avait encore plus loin à l'est. À l'est de l'est, c'était la Pologne dont j'ignorais tout, puis la Russie, le pays de ma mère, là où les gens chantaient, dansaient et buvaient comme des trous, d'après grand-père.

Je devais donc aller en Pologne. Les Allemands étaient des ennemis, mais pas les Polonais. Je ne savais pas évidemment qu'en Pologne les gens vivaient le pire des cauchemars.

Je tenais un indice. Il fallait que je progresse. Mais si la boussole demeurait toujours fidèle à l'est, je ne trouvais rien sur le terrain qui puisse me guider vers la Pologne. Par moments, je me disais : « On tourne en rond, ici c'est toujours pareil... »

J'ai connu quelques étables, tout de même, et me suis empiffrée de la nourriture des cochons, j'ai dormi entre les pattes d'une vache, j'ai rempli mes bottes et ma veste de paille, volé des vêtements sans aucun discernement, juste pour les empiler les uns sur les autres, et m'isoler du froid. Je les abandonnais dès que j'en trouvais d'autres. Rien ne m'allait jamais, une capote de tissu m'aurait servi de tente, mais elle était trop encombrante. Je préférais ma vieille toile cirée. Les sabots, les galoches n'arrivaient pas à remplacer les bottes puantes de la peau du lapin. J'ai eu la chance incroyable un jour de tomber sur des boules de couenne. Elles étaient accrochées à l'extérieur d'une maison, par paquets de deux ou trois, avec une ficelle. J'en ai rempli ma musette. C'était extrêmement dur à manger, il fallait enlever la couenne au couteau, la découper et la mâcher longtemps, elle était très salée. La graisse à l'intérieur était délicieuse. Elle me faisait penser au beurre de la ferme de Marthe, au grand seau de lait que je rapportais de l'étable. J'en sentais encore le goût dans ma gorge, chaud et crémeux. Je ne trouvais pas de lait dans les étables. Je ne m'y risquais que la nuit, et rien ne traînait. Il aurait fallu piller une cuisine comme en Belgique, mais je n'osais pas.

La graisse m'a servi à soigner les gerçures de mes mains et de mes pieds. La plante de mes pieds était devenue dure comme de la corne, avec d'énormes crevasses. Mes ongles avaient poussé d'une drôle de manière, je les rognais avec les dents, mais ils avaient tendance à se recourber comme des griffes. Je souffrais des pieds en permanence. Le matin, lorsque je ne les sentais plus et qu'ils étaient bleus, je les frottais avec de la neige jusqu'à ce qu'ils brûlent. La douleur qui m'envahissait en même temps que cette brûlure était bienfaisante, ensuite je pouvais recommencer à marcher.

À la fin de la période de froid, je ne ressentais plus rien. Neige, vent, glace, je ne désirais qu'une seule chose, manger. Il n'y avait plus que cela qui comptait, au-delà du danger, au-delà de tout. Dès que je trouvais quelque chose par terre, des glands, des fruits pourris, je me forçais à le grignoter doucement avec les dents de devant, comme un lapin. J'ai encore parfois le goût de la terre dans la bouche – ça ne s'oublie pas, ça ne se raconte pas, il faut en avoir mangé soi-même pour comprendre. Comme il faut avoir dormi sur un tas de branches dans la neige pour savoir qu'on n'y dort pas vraiment. On s'agite, on se tourne, on se relève, on se frotte, et on retombe épuisé sur les branches raidies par le froid. Heureusement, jour après jour, mon chemin vers l'est m'a fait retrouver la forêt, et le froid était moins vif. Je croisais quelques animaux, des oiseaux s'envolaient à mon passage, et je me sentais plus en sécurité. Dès que les arbres s'éclaircissaient, et qu'une plaine apparaissait, je retournais à l'abri. Suivre la lisière des bois était très pratique, je pouvais voir arriver une présence humaine et filer. Je pouvais aussi repérer des habitations isolées, et surveiller le va-et-vient s'il y en avait. Mais, la plupart du temps, il m'était impossible de m'en approcher. Je crois que j'ai rêvé tout l'hiver d'un morceau de pain, sans jamais le trouver.

Si j'ai subsisté, je dois rendre grâce aux noix, aux carcasses d'animaux gelées, aux vers et aux pommes de terre crues. Ainsi qu'à la mousse, à l'écorce d'arbre, aux feuilles, aux baies non identifiées dont certaines ont failli m'empoisonner. Sans oublier la nourriture des cochons, gluante et nauséabonde. Mais j'ai survécu à pire.

Un jour, alors que mon estomac se tordait de crampes, je suis tombée sur une clairière entourée d'arbres immenses, si hauts qu'ils donnaient le vertige. Et au milieu, un tapis de petites fleurs bleues. C'était si beau que j'en ai oublié mon estomac pour me rouler dedans. Certains souvenirs sont si durs que celui-là est une merveille. J'aurais pu voir surgir autour de moi tous les animaux de mes fantasmagories, je n'en aurais pas été étonnée. Jamais je n'oublierai cette cathédrale végétale, la lumière, le bleu des fleurs minuscules, serrées les unes contre les autres, presque tissées entre elles. Je n'ai même pas pensé à cet instant qu'elles annonçaient le printemps. C'était tout simplement beau à se rouler dedans, ce que j'ai fait en ronronnant comme un chat, en me lavant dans cette beauté. J'en manquais depuis trop longtemps.

Je suis tombée aussi par hasard sur une autre vision qui n'avait rien d'enthousiasmant. J'avais entendu un chien aboyer, et les chiens m'attiraient toujours, mais depuis la Belgique je n'en avais pas vu beaucoup. J'ai donc suivi l'aboiement à l'oreille, dans le brouillard d'une fin de journée, et j'ai buté sur un grillage et des barbelés. Les aboiements étaient assez proches, il y avait certainement plusieurs chiens. C'était étrange pour moi, j'ai donc longé le grillage hérissé, jusqu'à tomber sur un panneau de bois avec une inscription difficile à déchiffrer.

Lettre après lettre, j'ai reconstitué « VERBOTEN ». Je comprends parce que je sais traduire. Mon père utilisait parfois *Verboten* pour m'interdire quelque chose.

— N'approche pas du balcon, Mishke ! C'est défendu ! *Verboten !*

Il était donc défendu ici d'approcher les chiens.

J'ai filé dans le brouillard sans insister, ni comprendre ce que je venais de frôler. Probablement un camp de prisonniers, mais je ne saurai jamais lequel, puisque je ne savais pas moi-même où j'étais.

Mais un beau jour, j'ai découvert que j'étais arrivée en Pologne.

C'était un beau jour, parce que le temps était frais et clair. C'était un beau jour surtout, parce que je m'étais aventurée hors du bois, et que j'avais entendu au loin les cloches d'un village. Je revois parfaitement l'endroit, il y avait quelques rochers, un ruisseau, des cailloux au fond de l'eau, et de l'herbe autour. Je venais d'y tremper mon visage et mes mains. Je m'étais allongée à plat ventre dans les hautes herbes, et je me redressais de temps en temps pour observer le clocher, mais surtout une ferme plus proche en contrebas. Je ne savais pas encore que j'étais en Pologne, et je n'allais pas tarder à le savoir à mes dépens. Cette ferme avait d'ailleurs une autre allure que les grandes bâtisses allemandes. Elle était plus petite, avec un toit de chaume.

J'ai vu deux silhouettes en sortir. Un homme et une femme. Ils s'éloignent un peu, j'espère que je vais trouver assez vite de quoi manger, mais la femme revient en arrière, et entre à nouveau dans la maison. J'attends, elle ressort, et enfin ils s'éloignent tous les deux en direction du clocher.

J'attends encore, en réfléchissant. S'ils font comme Marthe et vont à l'église, c'est le bon moment. J'ai pratiqué assez souvent ce genre de rapine pour être rompue à l'exercice. Si la porte principale est bouclée, je cherche celle du potager. S'il n'y en a pas, ce qui est rare, j'explore les fenêtres. Effectivement, l'une d'elles entrouverte sur le soleil de printemps me permet d'entrer. Ce jour-là, j'ai cru au dieu de ma mère avec lequel il m'arrivait de me disputer quand je mourais de faim. Ces gens avaient des provisions, j'ai trouvé du fromage, de la viande et même du lard, je crois. Et aussi des œufs. J'ai fourré le tout dans ma musette avec une excitation folle. En ressortant, j'ai fait le tour de la maison, et j'ai découvert des lapins dans un clapier, une sorte de petite cabane grillagée, pas très haute, avec un toit de planches. J'avais envie de soleil, je n'en voyais pas souvent dans les bois, et d'un semblant de confort pour déguster mon butin. Je me suis installée sur le toit de la cabane, ma musette autour du cou, les jambes pendantes, et j'ai commencé à manger. Je me sentais heureuse, j'avais besoin de ce répit.

Ai-je fermé les yeux en regardant le soleil ? En tout cas, j'avais relâché ma garde habituelle, ce qu'il ne faut jamais faire.

Je me suis sentie prise aux jambes d'un seul coup et projetée à terre. Au-dessus de moi, un homme gueule dans une langue inconnue. J'ai le réflexe d'empoigner mon couteau dans ma musette, et de le brandir. Depuis la Belgique, j'en ai changé plusieurs fois, et celui-là est assez solide. L'homme a un mouvement de recul, il ne devait pas s'attendre à une pareille réaction de la part d'une gamine, et je détale ventre à terre. Je l'entends courir derrière moi, tandis que je galope en direction du petit ruisseau pour sauter par-dessus et filer dans le bois. J'y parviens presque, lorsqu'une douleur violente dans le dos me fait chuter la tête dans le ruisseau. L'homme m'a lancé une pierre avec une telle force que j'ai cru à un coup de couteau dans les reins. Je me suis relevée quand même, j'ai continué de courir parce qu'il le fallait, mais je n'avais plus de souffle, et j'ai failli m'affaler à l'entrée du bois. Je croyais qu'il était encore derrière moi et qu'il allait me sauter dessus, mais non. Il était de l'autre côté du ruisseau et brandissait le poing, en gueulant des mots incompréhensibles, et qui n'étaient pas de l'allemand. Mais il ne bougeait plus.

Alors, j'ai mis toutes mes forces dans cette dernière course pour atteindre les arbres, et j'ai couru encore, puis je me suis traînée presque à quatre pattes, jusqu'à m'estimer hors d'atteinte, et là je me suis effondrée contre un arbre, en hurlant de douleur. Elle me transperçait du dos jusqu'au ventre, c'était réellement comme une lame de couteau plantée dans mes reins.

C'était la première fois que je hurlais ainsi de souffrance. J'avais supporté beaucoup de douleurs, mais celle-là était pire que tout. J'ai hurlé sans m'arrêter jusqu'à ne plus pouvoir respirer. On m'a dit très longtemps après que la pierre avait touché une vertèbre, j'en porte toujours la marque.

Je suis restée au pied de cet arbre un temps que je ne peux pas déterminer. J'ai dû tourner de l'œil et, quand j'ai repris conscience, il m'a semblé que quelqu'un m'observait. Ce n'était pas un homme, heureusement. Je l'ai pris au début pour un grand chien, haut sur pattes avec un museau fin. Il était maigre avec des yeux superbes, et me regardait, immobile. Je n'ai senti aucune menace de sa part, il m'observait simplement.

Je lui ai parlé comme je parlais à tous les animaux que je rencontrais, doucement :

— Qu'est-ce que tu fais là ? Tu es seul aussi ? Tu as faim aussi ?

J'ai tiré le morceau de viande de ma musette, j'en ai déchiqueté un bout, que je lui ai tendu. Il ne bougeait toujours pas. Alors j'ai posé le bout de viande devant moi :

— Voilà, c'est pour toi, tu dois venir le chercher, parce que moi je ne peux plus bouger.

C'était un loup. Je l'ai compris après. Mais que ce soit un loup ou un chien, j'aurais eu la même attitude. D'une part, je souffrais abominablement, incapable de me relever. Et d'autre part, je n'avais pas peur, instinctivement j'étais beaucoup plus proche de l'animal que de l'humain. Il me semblait avoir toujours vécu avec eux.

Ce grand chien ne bougeait toujours pas et moi non plus, mais ce petit bout de viande entre nous, j'en étais sûre, allait nous rapprocher.

6
MES LOUPS

Le face-à-face a duré. J'essayais de bouger, d'abord une jambe, puis l'autre, la douleur était toujours là, sourde, alors je me suis relevée avec précaution, en me mettant à genoux, et soudain j'ai vu une ombre passer près de moi et prendre le morceau. Je ne faisais déjà presque plus attention à ce « chien » à ce moment-là, je me croyais coupée en deux et j'étais à quatre pattes, maudissant cet homme, et pleurant malgré moi de douleur. J'ai mis énormément de temps à me redresser, et ensuite à poser un pied devant l'autre. Et je me parlais toute seule : « Nom d'une pipe – comme disait grand-père –, je ne vais jamais y arriver, je ne vais plus pouvoir avancer. Allez, mon dos, il faut que tu bouges, tu vas oublier ça et puis on va marcher, il faut retrouver maman. Et où est-ce qu'il est ce chien ? J'aimerais bien avoir un compagnon et me coucher contre lui. On va avancer jusqu'à cet arbre. »

Et je marchais. « Ah, tu vois, mon dos, tu as su le faire ! Allez ! Calme-toi, il faut que j'avance. » Je ne voyais plus l'animal. J'essayais de l'appeler, je le cherchais des yeux, mais je ne hurlais plus et je me suis demandé si mon cri de douleur ne l'avait pas attiré vers moi. Alors j'ai essayé de recommencer, une ou deux fois, mais ce n'était pas la même chose, il ne revenait pas.

Je devais m'éloigner de cet endroit qui n'était pas sûr, mais j'avançais avec lenteur. Je n'ai pas fait beaucoup de chemin ce jour-là. Ma musette était remplie, je l'avais payé cher. Cette situation était nouvelle. Jusque-là, j'avais toujours évité d'être vue, et à part ces deux hommes en Allemagne qui m'avaient jeté des pommes de terre, personne, à ma connaissance, n'avait remarqué ma présence. Pourtant, j'en avais visité des fermes, et des granges, et des porcheries, et des poulaillers ! Je ne pouvais pas subsister sans cela. Je me croyais habile et très maligne. J'avais acquis un sens de l'observation que je croyais sûr. Trop sûre de ne pas être prise. Cette fois, j'étais passée très près du désastre, par excès de confiance. Je haïssais cet homme de me l'avoir démontré.

J'ai entendu un hurlement très proche, et j'ai vu alors que le grand chien me suivait, marchant parallèlement à moi. Sa présence m'a réconfortée. Il allait rester, ne plus me quitter, et je pourrais dormir avec lui. Il y avait si longtemps que j'étais seule, parfois la nuit, lorsque je pensais à ma mère, je prenais mon oreille pour m'endormir, mais je n'avais plus le réconfort de ses cheveux parfumés, cette toison dans laquelle j'adorais enfouir le bout de mon nez. À la ferme, le pelage des chiens me rassurait presque de la même manière. Cette passion pour la fourrure des animaux m'est restée. Je sais maintenant qu'elle est un palliatif. Une façon de retrouver la chevelure de ma mère. À ce moment-là, je voulais seulement que ce chien reste avec moi, l'apprivoiser et qu'il m'accompagne. Je me sentais si misérable. Effectivement, il me suivait, il trottait dans les broussailles, à petite distance, toujours en parallèle. Parfois, je ne le voyais plus, mais je l'entendais. Il avait dû sentir l'odeur de ma musette.

Le soir venu, j'ai choisi un large tronc d'arbre pour y appuyer mon dos, très doucement. J'étais assez loin de ce sale bonhomme, et je n'en pouvais plus. J'ai posé près de moi quelques petits morceaux de ce que j'avais, un peu de fromage, un peu de lard, et j'ai fermé les yeux. J'ai dû m'assoupir, je n'ai pas vu le moment où il s'est rapproché mais les morceaux n'étaient plus là quand j'ai rouvert les yeux.

Ce chien était vraiment seul comme moi, nous allions pouvoir vivre ensemble. Je l'ai cherché du regard, il était à bonne distance, et je le voyais de profil, toujours là à m'observer la tête légèrement penchée, droit sur ses pattes maigres. Le lendemain, il était encore présent, et le jour suivant aussi. Je marchais en forçant mon dos douloureux, j'avançais lentement pour ne plus ressentir ce coup de couteau dans les reins. Et il avait pris la même allure que moi.

J'ai d'abord constaté que ce n'était pas un mâle. Puis il s'est mis à hurler et là je me suis demandé si c'était vraiment un chien. Les chiens de grand-père hurlaient de temps en temps le nez levé vers le ciel, mais ce n'était pas tout à fait la même chose. Cet animal hurlait plus longtemps et différemment. J'ai compris que c'était un loup.

Dans les petits livres d'histoires d'animaux que mon père avait rapportés, et que maman me faisait lire en montrant les images, j'avais vu des chiens comme des lapins, des chevaux, des moutons, des lions, des serpents, des éléphants, et bien évidemment des loups. Heureusement, ma mère ne m'avait jamais inculqué de peur par rapport à ces images. Elle se contentait de me lire les mots qui les accompagnaient, sans commentaires particuliers. Le loup vit dans les bois, le lion dans la jungle, l'aigle vole dans le ciel... et ainsi de suite. Dans mon souvenir, aucun d'eux ne faisait de mal, donc aucun n'était dangereux. Je considérais ce loup exactement comme un chien qui m'était supérieur. Je ne l'ai pas associé au méchant loup, personne ne m'avait raconté *Le Petit Chaperon rouge* ni aucune autre fable de la sorte. Au contraire, j'avais fait du monde animal mon théâtre de jeu imaginaire. Ils ne pouvaient être que des amis, des compagnons de route. Certains se laissaient approcher, d'autres pas et je comprenais à ma façon leur comportement. Ils avaient peur des humains, comme moi.

J'avais toujours six ans dans ma tête, je m'éternisais dans cette vision de paradis animal. Aujourd'hui encore, je demeure persuadée que le comportement d'un animal dépend de la manière dont l'homme l'aborde. S'il est agressif ou peureux, l'animal réagira en conséquence. S'il est calme et respectueux, il a des chances d'établir un contact. Entre ce loup et moi, le contact s'est établi au bout de deux ou trois jours. Je m'efforçais de l'attirer en poussant de petits hurlements, puisque c'était son langage. Il s'est lentement rapproché pour venir marcher de plus en plus près de moi, par mouvements prudents et successifs. Je me couchais toujours en boule, incapable de trouver une autre position qui soulage mon dos. Sa dernière approche a duré si longtemps que je ne l'espérais presque plus en me disant : « Ce doit être un animal perdu à qui les hommes ont fait du mal comme à moi. » Il est enfin venu s'allonger tout contre moi, dans mon dos. Cette chaleur que j'ai ressentie presque aussitôt me faisait du bien, et j'étais si heureuse. J'avais bien chaud, je ne bougeais plus.

Je l'ai baptisée maman Rita comme la chienne de grand-père, puisque c'était une femelle. Elle me suivait, légère et aérienne sur ses belles pattes, et je lui parlais, toujours à voix basse, très doucement. Apprivoiser un animal n'avait pas de sens pour moi, je voulais qu'elle reste avec moi, ne plus être seule. Et dormir devenait alors magnifique avec cette chaleur dans mon dos. Si j'étais à quatre pattes, elle venait me donner des coups de museau, et je roulais par terre. Elle me léchait, j'étais devenue son petit, un rapport mère-enfant s'était établi, différent du compagnonnage que j'espérais au début. C'était encore plus merveilleux pour moi. Elle montrait les dents quand elle ne voulait pas que je fasse quelque chose. J'avais envie par exemple de mettre mes bras autour de son cou, elle retroussait les babines pour montrer les crocs, je retirais mes bras, et elle se calmait. J'ai vite accepté la leçon, bien que ce soit assez déconcertant. Dès qu'une de mes attitudes ou un mouvement lui déplaisait, elle arrivait sur moi en grognant et me mettait à terre. Quand elle me plaquait au sol, j'avais toujours un peu peur, mais de crainte d'être punie, comme une enfant à qui un adulte veut donner une fessée. Bien que je n'aie jamais pris de fessée. Tout se passait très vite, elle me bousculait, me jetait par terre, et les pattes de chaque côté elle restait ainsi au-dessus de moi. Alors, instinctivement, je me mettais sur le dos, en poussant de petits cris comme un chiot pour lui expliquer : « Je ne fais rien, je ne bouge plus !... » Et c'était fini. Je la laissais faire, j'acceptais d'être réprimandée. Je ne comprenais pas toujours ce que j'avais fait de mal, mais sa présence, sa fourrure grise et odorante me consolait de tout. J'y retrouvais la sensation de m'endormir dans les cheveux de ma mère.

La douleur dans mon dos avait diminué, mais un jour, je ne sais quel bruit maman Rita a entendu et elle a filé dans les buissons. Comme je ne bougeais pas, elle a bondi vers moi et m'a attrapée par le haut de mon vêtement, et m'a traînée sans ménagement sur une assez longue distance. Je voyais défiler les branches et les ronces qui m'écorchaient le dos, et j'ai eu mal de nouveau. Elle était forte, d'une puissance dont je n'avais pas eu idée. Elle m'a relâchée un peu plus loin, sans me quitter des yeux. Je suffoquais, cette fois d'un mélange de douleur et de bonheur. Elle m'avait protégée, je ne savais pas de quoi, elle seule avait entendu quelque chose. J'étais définitivement son petit, adoptée comme tel.

Elle aurait pu me faire très mal en me prenant par le cou, si je n'avais pas eu mes haillons pour me protéger de ses crocs. Elle aurait pu mordre, mais ça ne m'est même pas venu à l'idée.

J'aurais dû continuer à chaparder de la nourriture, mais j'avais tellement peur de la perdre que je restais sur place. Je n'avais plus rien, je mâchais de nouveau des feuilles, je rongeais tout ce que je trouvais, tandis qu'elle disparaissait de son côté certainement pour aller chasser. Je me suis décidée à faire comme elle, il le fallait bien. Cette fois, j'ai pris tellement de précautions pour approcher une habitation que j'y ai passé une partie de la journée et de la nuit. En revenant vers la place que nous avions adoptée elle et moi, elle n'était plus là. J'ai hurlé pour me faire entendre, et, au bout d'un moment, je l'ai entendue au loin. Alors j'ai attendu, avec ma maigre provision, puis j'ai mangé sans elle, j'avais trop faim. Je devais me faire à l'idée qu'elle mangeait de son côté et moi du mien. Jusqu'au jour où elle a ramené un lièvre ou un lapin, je ne sais pas, qui pendait dans sa gueule, et l'a laissé tomber devant moi.

J'étais stupéfaite : « Tu me donnes à manger ? »

La proie était presque entièrement dévorée, il ne restait que des lambeaux de chair, alors j'ai raclé comme je pouvais, il n'y avait pas grand-chose, mais j'étais si contente : elle m'avait rapporté à manger, je rongeais cette peau sous son nez comme un animal, elle me regardait attentivement, et je lui parlais :

— Je suis contente, merci. Tu m'as donné à

manger. Tu es ma mère, hein ? C'est sûr, tu es ma mère... ma maman Rita...

C'était bon de dire ce mot, « maman », cet animal était une bénédiction, un cadeau du ciel que mes parents m'envoyaient. J'étais tellement innocente, instinctive, que je passais à travers le danger d'une manière invraisemblable. Si j'avais eu peur, si j'avais couru en la voyant, elle ne se serait peut-être pas comportée de cette manière, et m'aurait poursuivie. C'était une jeune louve solitaire, probablement chassée de sa meute – un comportement classique, comme je l'ai appris bien des années plus tard en m'intéressant aux loups. Il lui fallait à son tour reconstituer une famille. Dans ma naïveté, je ne m'attendais pas à voir surgir un jour le compagnon qu'elle s'était choisi !

Depuis que j'avais la certitude qu'elle me suivait ou me retrouvait sans peine, j'avais recommencé à me déplacer. Par périodes, elle ne revenait pas, je passais une nuit ou deux sans elle, sans sa fourrure où mettre mon nez pour dormir. Puis les absences se sont faites de plus en plus longues, et je l'ai cru partie définitivement. Mais je l'attendais quand même, angoissée, en l'appelant régulièrement chaque fois que je revenais d'une expédition. Il y avait maintenant des habitations proches, où je pouvais voler des œufs. Je prélevais juste de quoi ne pas mourir de faim car je ne retrouvais pas l'abondance de la petite ferme polonaise où j'avais failli me faire prendre. J'ai le souvenir de m'être nourrie plutôt de carcasses d'animaux, et de racines. Cette période est essentiellement marquée pour moi par la présence ou l'absence de « maman Rita ». Je suis restée longtemps dans le même secteur pour profiter d'elle, pourtant la présence humaine était visible. Lorsque ma louve revenait de ses propres expéditions, et que je pouvais dormir tout contre elle, j'étais prise d'un vertige de bonheur intense. J'avais trouvé une mère de remplacement, elle représentait tout pour moi.

Et un jour, elle a surgi, accompagnée d'un grand loup noir. En me voyant, il a montré les dents immédiatement... Ce mâle n'avait pas la même attitude d'observation que maman Rita, il avançait droit sur moi, menaçant, les crocs en avant. Et là... j'ai pensé que tout était fini. Par réflexe, je me suis couchée sur le dos, comme je le faisais avec elle. Je m'attendais à être mordue, traînée dans les bois, mais elle a grogné dans sa direction et s'est interposée entre lui et moi. Le grand loup noir a hésité, il a encore voulu avancer, et je me disais : « Nom d'une pipe, si ma mère ne me protège pas, il va me dévorer. » Cette scène est à la fois hallucinante et majestueuse dans mon souvenir. Maman Rita a grogné de plus belle en affrontant directement le mâle, elle l'a obligé à reculer centimètre par centimètre. Un grognement, le museau bas, elle avançait de deux pattes, et il reculait lui aussi de deux pattes.

Je n'osais pas bouger, j'attendais qu'ils décident de mon sort, mais peu à peu j'ai compris qu'elle avait gagné. Elle est finalement venue me lécher, d'un air de dire à l'autre : « C'est à moi, il faut que tu comprennes. » Elle s'est allongée contre moi, le surveillant toujours. Il allait d'un côté puis de l'autre, acceptant mal la défaite, et ce ballet a duré quelque temps – peut-être plus d'une heure, je n'avais pas la notion du temps –, et enfin il a accepté, l'air de penser : « Puisque c'est comme ça, je ne dis plus rien. » Et il n'a plus tellement fait attention à moi.

Et je me suis dit que s'il recommençait, elle serait là pour me protéger.

Pour l'instant, il restait à bonne distance. Elle me léchait, me donnait des coups de museau, visiblement elle lui démontrait sa priorité sur moi. Ensuite elle est allée vers lui pour faire la même chose. Des petits coups de museau, comme pour le taquiner, mettre son nez dans son cou, et ils se sont mis à jouer comme si je n'étais plus là. Le jeu a duré un petit temps et puis ils sont partis tous les deux, me laissant seule.

La nuit tombait, et j'ai craint à ce moment qu'il revienne seul. Il était noir, je ne pourrais pas le distinguer facilement, je ne savais pas où me mettre en sécurité pour dormir. D'ailleurs, je n'ai pas fermé l'œil jusqu'à ce qu'ils reviennent ensemble et se couchent l'un près de l'autre. J'ai eu droit à quelques coups de langue sur le visage et le cou. Maman Rita me reniflait bruyamment. Encore quelques coups de museau pour me faire rouler par terre, avant de le rejoindre. Nous avons entamé ainsi une cohabitation qui comportait des règles. Si je me tenais debout, elle me supportait dans cette attitude, elle savait que je n'étais pas un danger, mais le mâle, lui, se redressait aussitôt en grognant comme si j'étais une menace. Et ses dents étaient impressionnantes. Avec lui il valait mieux rester assise ou couchée. J'ai eu quelques moments de frayeur, mon cœur s'arrêtait de battre, jusqu'à ce qu'elle intervienne.

Je ne devais surtout pas le regarder dans les yeux, il n'aimait pas, mais si je baissais la tête il cessait de grogner, et s'en allait. C'était un signe de soumission qu'il comprenait, et je le faisais instinctivement, pour l'avoir déjà expérimenté avec elle. C'est une éducation différente mais qui ressemble un peu à celle des hommes. Elle est simplement plus directe. Je considérais que si l'un ou l'autre me grondait, je devais baisser la tête comme un enfant puni. Il est arrivé que j'essaie encore de me redresser parce que j'en avais tout simplement besoin, alors il avançait aussitôt et je me laissais retomber en émettant des petits grognements comme je le faisais avec elle, et il s'arrêtait déconcerté. Lorsqu'il se mettait à hurler, c'était bien différent d'elle, et je me suis dit : moi, je n'ai pas le même hurlement qu'eux, je suis petite, c'est normal, chacun a le sien.

Ils étaient heureux, c'est bizarre à dire, mais ils jouaient ensemble, puis ils se sont accouplés. Je ne les ai pas dérangés. Je comprenais ce qui se passait, j'avais vu faire les chiens de la ferme, la chienne Rita avait eu des petits, c'était donc normal. J'étais en admiration devant ces animaux magnifiques que je pouvais observer de si près, les voir bondir, sauter ensemble, jouer comme des amoureux, c'était comme une danse. Il y avait une force extraordinaire dans ces bonds. Les loups sautent en l'air sur place, alors qu'un chien ne sait pas le faire. Et je pouvais voir un peu de bave au coin de leur gueule, des petites gouttes qui s'éparpillaient en l'air à chaque bond, un véritable enchantement. J'oubliais complètement la guerre. Je ne savais plus rien du monde des humains. Je contemplais quelque chose de magnifique qui effaçait mon angoisse d'être seule à survivre, et même mon mal de dos.

L'autre règle de notre cohabitation à trois concernait la nourriture. Lorsque Rita a rapporté une proie, peut-être un blaireau, je ne saurais le dire exactement, il a refusé que j'approche du festin. J'ai tendu la main vers la viande, et ses crocs ne sont pas passés loin de mes doigts. Il devait se régaler d'abord, elle ensuite et j'avais droit au reste. Lorsque c'était moi qui rapportais quelque chose, des légumes arrachés à un jardin, par exemple, ils ne s'intéressaient pas au repas. Si j'avais par bonheur trouvé de la viande, je me débrouillais pour faire le partage en trois petits tas avant qu'ils ne reviennent. Et chacun mangeait dans son coin.

Un jour, ils sont partis en chasse, comme d'habitude, et peu de temps après j'ai entendu un coup de feu. Rita est revenue très agitée, elle tournait en rond autour de moi, elle écoutait les oreilles hautes, le nez en l'air, et tournait encore. Je voyais bien qu'elle était inquiète. Par moments, elle dressait une patte et s'immobilisait à l'écoute de la forêt. J'essayais d'aller vers elle, mais elle ne pouvait plus tenir en place. Je me demandais ce qui s'était passé, pourquoi elle était revenue seule, sans son loup noir.

Elle me léchait, me donnait un coup de museau, mais elle n'était plus concentrée sur moi, autre chose la tracassait, et elle est repartie. Elle voulait apparemment que je la suive à ce moment-là, mais je n'ai pas pu le faire très longtemps, elle allait trop vite pour moi.

J'ai entendu un coup de feu de nouveau, beaucoup plus près, puis un deuxième. Alors, instinctivement, je me suis cachée dans les hautes herbes. J'ai pensé aux Allemands, à l'homme qui m'avait poursuivie. Lorsque des pas ont approché, je me suis aplatie au sol. J'étais à une petite distance d'un sentier et à hauteur de mes yeux sont passées des bottes. En redressant la tête, j'ai vu ma louve sur le dos d'un homme.

Ça ne pouvait être qu'elle, ce pelage gris. D'abord, je suis restée figée d'incompréhension. Puis je me suis sentie envahie d'une rage que je n'ai plus jamais connue ensuite, une haine démesurée.

Et dans ma tête je me suis dit : « Je le suis et je le tue ! »

J'étais là, aplatie dans les herbes, les larmes coulaient sur ma figure. J'avais tellement mal de la voir sur le dos de cet homme ! J'avais vu des traces de charrettes et des pièges, les hommes d'ici pratiquaient la chasse, et je ne m'en étais pas méfiée suffisamment. Le concept de « chasse » pour moi n'était pas lié à un fusil. Je n'avais pas encore vu la mort de près.

Je suis bien décidée à le tuer à mon tour. Il vient de me prendre ma mère ! On me prend encore ma mère ! Ce merveilleux animal me protégeait, me donnait chaud dans le dos, elle m'a nourrie... C'est ma mère qu'il vient de tuer.

Je m'engage sur le sentier dans un brouillard de larmes. Je m'arrête lorsque j'arrive à découvert, et j'observe. Il pend la dépouille à un crochet fixé sur le côté d'une cabane dans laquelle il rentre tranquillement, puis en ressort avec une chaise. Il s'installe, et se met à fumer une pipe. Il est là à se prélasser, à se balancer sur la chaise en équilibre sur l'arrière, sa grosse tête appuyée contre la cabane. Il est content.

Je vois un puits, un seau accroché à une poulie. Rien d'autre. Alors je fais un détour, pour arriver derrière la cabane. Je cherche quelque chose de dur, quelque chose qui va faire mal. Il y a un tas de morceaux de bois, des outils, et je tombe sur une espèce de barre de fer. C'est très dur, et très solide. Je la choisis parce que je veux le massacrer, j'ai vraiment envie de faire souffrir, je voudrais qu'il vole en miettes, cet homme-là.

S'il y avait eu une fourche, une pioche ou une pelle, je l'aurais prise. Mais je n'ai que cette barre de fer, alors je longe tout doucement la cabane à l'arrière. L'homme est assis devant, à côté de la porte, et ma louve est pendue sur le côté gauche. Je sais que je pleure mais aucun bruit ne sort de ma gorge. Pourtant, je pleure vraiment, les larmes coulent de rage. Je pense que j'étais réellement au bord de la folie à cet instant. Avec juste assez de lucidité pour décider de l'endroit où j'allais frapper. L'idée qu'il puisse courir après moi malgré l'attaque m'a fait penser à frapper aux jambes. Je me suis dit : « Tu lui casses les jambes ! »

J'ai surgi devant lui, et avec une force incroyable j'ai balancé la barre sur ses jambes une fois, il a hurlé de douleur, et j'ai frappé une deuxième fois. Il est tombé en voulant se jeter sur moi.

Je ne sais pas si je lui ai réellement cassé les jambes,

mais je le voulais. Il s'est mis à ramper en direction de son fusil, et j'ai sauté dessus avant lui, j'ai couru jusqu'au puits pour le jeter au fond et, en voyant le seau qui pendait au bout de sa corde, j'ai balancé le tout par-dessus. J'ignore si je parlais, ou si je pensais seulement dans ma tête :

— Tu vas crever de soif ! Il y a de l'eau mais tu n'en auras pas. Personne ne viendra t'aider.

Je le voyais ramper en gémissant et en m'injuriant parce que j'étais la plus forte, et qu'il était à terre ! J'ignore comment j'ai eu la force de faire tout ce que j'ai fait ensuite. La haine était aussi intense que le sentiment de puissance qui m'envahissait.

J'ai décroché la dépouille et je l'ai mise sur mes épaules. C'était un poids terrible, oh oui, je suais, mes jambes tremblaient, mais la rage décuplait ma volonté. Je suis parvenue à marcher et à regagner le bois. J'avais une force presque surnaturelle, un mélange de chagrin énorme et de désir de vengeance. C'était comme me dire : « C'est trop, on m'a tout pris, on me prend encore ma louve, le seul être qui m'ait aimée et protégée depuis que je n'ai plus ma mère. »

L'homme pour moi est alors devenu réellement l'ennemi universel. Ce n'était plus seulement l'Allemand, le Boche, c'était n'importe quel homme. Ma philosophie était faite. L'humain est lâche, parce qu'il tue au fusil. Il est menteur, parce qu'on ne peut pas croire en sa parole. L'humain vous accueille et vous abandonne. L'animal, lui, se bat avec ses dents, il ne peut pas mentir, ni vous abandonner.

Alors j'ai gratté dans le sol, mais je n'ai pas pu faire de trou assez grand. Je l'ai posée là et j'ai dormi encore sur elle, dans sa fourrure. La nuit a été terrible : ne plus sentir ce corps vibrer, respirer, c'était atroce. Je pleurais beaucoup, parce que cette mort me dépassait. Elle avait été mon sauvetage, tout se mêlait, la terre sur mes mains, les larmes. Je l'ai recouverte, comme dans une tombe. Et j'ai eu du mal à la quitter. Je tournais autour, je n'arrivais pas à abandonner le lieu.

Et j'ai compris qu'elle avait fait la même chose autour de moi, après le premier coup de feu. Ce chasseur, ou un autre, avait tué le mâle et elle le savait. Je crois que je suis restée trois jours à pleurer là, pour elle, et pour lui, et pour moi. Impossible de la laisser. Je n'ai pas de mots pour dire à quel point je me suis sentie seule à ce moment-là. Seule et si différente des autres. Je me sentais animale, je n'avais rien à voir avec les hommes. J'étais comme son petit, un petit abandonné parce qu'on a tué sa mère.

La vision de ce superbe animal pendu à un crochet m'est restée à jamais. Des années plus tard, je me suis dit : ce que les hommes font aux animaux, ils le font aux humains, et ils l'ont fait, ils ont pendu des humains de la même façon. L'homme est le maudit prédateur de la terre. Il n'a rien compris, il détruit un monde magnifique parce qu'il en est jaloux. Il détruit les animaux parce qu'il ne sait pas courir aussi vite, qu'il ne sent pas comme eux, n'entend pas comme eux. Il est jaloux des arbres, qui sont grands et beaux. L'homme est sans couleur. Tous les vices l'accompagnent. Et je serais moi-même un humain ? Ce n'est pas possible, et je n'ai jamais pu guérir de ça.

Sur le moment je n'avais plus peur, je ne me suis même pas demandé s'il y avait encore quelqu'un dans les environs, si d'autres hommes pouvaient approcher, aveuglée par la haine, la colère, la soif de vengeance. Et puis la tristesse est venue. J'ai toujours mal de la mort de la seule créature à laquelle je m'étais attachée et que je prenais pour ma deuxième maman. Quand je me suis décidée à partir, je lui parlais encore :

— Je t'ai vengée, maman Rita, je t'ai vengée, tu sais. Je ne t'oublierai jamais.

Mais je suis à ce moment-là devenue beaucoup plus forte, plus déterminée. La haine me donnait des ailes.

J'ai marché de colère, je n'ai plus senti le mal dans mon dos. J'ai marché sur cette colère pendant des jours, elle me portait. J'avais la conviction de pouvoir éliminer tout ce qui se trouverait sur mon chemin. C'était une illusion, ma seule manière d'étouffer la souffrance.

Ce deuil que je n'ai pas pu faire était celui de ma mère, très certainement.

Il m'a habillée de fureur contre les hommes, leurs destructions de la nature et leurs guerres, pour le reste de ma vie. J'étais morte moi-même d'une certaine façon. La petite fille qui marchait se détournait davantage encore des humains. Je me suis nourrie du ventre d'un cheval mort, j'ai dormi sous des piles de bois, j'ai habité des tanières abandonnées, rongé n'importe quoi, bu la pluie, et appris à me mettre face au vent, pour que l'on ne devine pas ma présence.

J'ai trouvé une voie ferrée sur ma route, qui selon ma boussole se dirigeait à peu près vers l'est, alors je l'ai suivie, aux aguets, maraudant dans un champ de temps en temps, attentive aux corbeaux signalant des charognes. J'ai vécu de charognes pendant longtemps. Je savais ne pas avoir faim d'autre chose.

J'étais couverte de plaies, la peau crevassée. Mes pieds n'étaient plus des pieds, je marchais les doigts recourbés sous la plante, il me fallait rogner mes ongles pour qu'ils n'entrent pas dans la chair. Et je marchais pour marcher, et aussi pour survivre comme un animal définitivement solitaire. Parfois, je m'adressais à la mort. Elle avait dans mes cauchemars l'allure de la femme en noir venue me chercher. Je l'insultais de m'avoir pris ma mère-loup, et de m'avoir laissée seule au monde. J'étais devenue loup, et je courais vers l'est sans beaucoup d'espoir.

7

L'ODEUR DE LA MORT

Je me suis écartée de la voie ferrée. J'avais entendu des voix, alors j'ai suivi un chemin qui m'en éloignait le plus possible. Un chien m'a reniflée et m'a suivie, je devais sentir le loup.

Il est en arrêt devant un fourré, il fouille avec son nez, remue la queue, recule et fouille à nouveau. Je pense à une bête prise au piège, un repas possible et me penche au-dessus de lui en écartant le feuillage. C'est un corps humain, un homme à plat ventre, le dos nu, la chair affreusement labourée par une étoile taillée dans la peau. Horrible. Le chien le lèche, et fourre son museau près de sa tête. Je dégage les branches, et j'essaie de le retourner face à moi, il est maigre, guère plus épais que moi. Je parviens à le mettre un peu de côté et je distingue sur le torse un autre dessin apparemment fait au couteau comme on tailladerait un tronc d'arbre, et couvert de sang séché. C'est une croix gammée.

J'ai déjà rencontré des cadavres de soldats depuis que je marche en Pologne. Ils ne m'ont pas impressionnée. Depuis la mort de ma louve, les hommes ne comptent pas. Je m'attarde juste le temps d'examiner ce qu'ils peuvent receler d'utile pour moi. Les chaussures parfois, mais elles ne vont jamais et je m'en débarrasse vite, les couteaux toujours et j'en ai accumulé plusieurs, mais pas de vêtements, leur odeur me répugne. Parfois, un objet brillant m'attire, un bouton de cuivre, une montre ou une bague. J'en fais de petits trésors avec lesquels je joue comme je joue avec des cailloux, et que je perds très vite. Ce corps m'impressionne, l'étoile juive, la croix gammée creusée sur cette peau font que je n'ose pas trop le toucher. Ces marques sanglantes sont effrayantes. Au moment où je vais reculer, j'entends un gémissement, il est encore vivant.

Il ouvre les yeux et je bondis en arrière d'effroi. J'ai peur de ce mort vivant.

Et puis il me regarde, ses yeux sont dilatés, énormes, et je vois sa bouche remuer, il dit quelque chose dans une langue que je ne comprends pas. Je fais une mimique d'incompréhension, alors il essaie encore, il me semble qu'il a utilisé plusieurs langues que je n'ai pas bien saisies, sauf la dernière évidemment, avec un accent étrange.

— Allemands. Pas oublier. Pas oublier.

C'est ce que j'ai cru comprendre, il a lâché les mots par bribes avec effort, il s'efforçait de bouger la main vers sa poitrine pour montrer une autre blessure plus haut. Une balle a éclaté la chair.

Donc des Allemands avaient fait ça. Alors je me suis rapprochée pour lui prendre la main, qu'il a serrée comme il pouvait, les doigts crispés, et chaque fois que j'essayais de m'en détacher, il la tirait vers lui en disant « Marek »... Et ses yeux semblaient vouloir m'empêcher de partir, comme s'il avait encore quelque chose d'important à dire. Il a effectivement répété « Allemands » et puis « fête », « camion », « attendre », « tous tués », et puis : « Moi, Marek. » Et surtout : « Pas oublier. »

Alors, j'en ai déduit qu'il y avait une fête avec des Allemands, et qu'ils ont torturé des gens et puis les ont emmenés dans un camion et les ont tués. Allemands et camion allaient ensemble puisque les Allemands raflaient les gens avec des camions. Le mystère demeurait sur « fête ». Quel genre de fête pouvait se terminer par la torture et la mort ?

Mais lui, Marek, n'était pas mort. Alors je suis restée, je n'osais plus m'enfuir devant cette poitrine charcutée, ces yeux immenses, je ne comprenais pas le sens de cette torture. J'avais vu des morts, des soldats et des hommes qui ne l'étaient pas. C'était la guerre avec des cadavres, je les voyais d'aussi près que possible à cause de ma façon de rester à la lisière des bois et des villages. Mais j'ignorais la torture. « Pas oublier... » Peut-être dans son mauvais français voulait-il dire « ne me laisse pas ». Mais j'ai bien entendu « pas oublier ». Il l'a répété plusieurs fois.

Je ne devais pas oublier Marek. Je suis restée jusqu'à ce qu'il meure.

Je l'ai recouvert de feuilles, comme maman Rita, les mêmes gestes : recouvrir, cacher la mort. Je ne pouvais rien faire d'autre. J'ai encore insulté la mort, je lui parlais tout le temps maintenant...

— Va-t'en de là ! Je ne te veux pas sur mon chemin ! Ne viens pas près de moi ! Tu pues !

J'ai encore aujourd'hui des flashes qui me reviennent en mémoire brutalement. Si j'ai des cauchemars, j'y vois Marek, ma louve, et d'autres encore, qu'il me faut chasser en criant la nuit.

Je marchais de nouveau dans les bois, au milieu d'arbres, des bouleaux me semble-t-il. Je ne fréquentais plus la lisière, j'y entendais des bruits de présence humaine, même sur les petites routes, je tombais sur des traces de roues. J'ai fui juste avant le passage d'une file de camions. Les Allemands étaient partout. Il n'y avait pas de pays sans eux.

En débouchant dans une clairière, j'ai découvert des clochettes qui ressemblaient à celles que j'avais déjà vues en Belgique : du muguet ! Maman en parfumait ses cheveux. J'ai mis mon nez dedans pour respirer ma mère. Il y avait aussi des fourmis au milieu de ce tapis de clochettes, je les observais en me disant : « Si je mets mon pied dessus, je les tue. J'ai le pouvoir de vie et de mort... » Alors je me suis retournée, la tête vers le ciel :

— Et toi, le Dieu de ma mère, tu fais pareil, hein ! Tu écrases sans savoir si c'est bien ou si c'est mal !

Ce qui me fascinait chez ces petites bêtes, c'est qu'elles s'activaient sans savoir que je pouvais les tuer, comme les humains étaient tués, comme on tuait partout, comme ça, au hasard. Et je me disais : « Moi, je passe à travers la mort, j'ai de la chance. »

Combien de temps cette fascination a-t-elle duré ? Je n'en sais rien. Le temps est un inconnu. Je connais l'espace, les chemins, les forêts, les plaines, les collines et les rivières, pas le temps qui passe. Rassembler ma mémoire d'enfance est un effort pour la vieille dame que je suis devenue. On dit qu'en vieillissant on oublie plus facilement le présent que le passé. Je n'ai rien oublié du passé, je n'oublie rien du présent, mais ma vie passée est constituée de morceaux si douloureux que je les revois souvent dans l'ordre de cette douleur, et non dans leur chronologie. Mon cerveau a enregistré des images précises de certains lieux, des paroles de certaines gens. Je revois même certains arbres que j'ai aimés comme on peut aimer ses parents. J'ai embrassé et serré fort contre moi des troncs immenses, devant lesquels je priais et demandais protection. Je connais bien ces arbres, ils font partie de mon album de famille, comme les loups, les insectes, les oiseaux.

La trace d'un feu de bois, des cendres éteintes, m'a surprise dans une minuscule clairière. Je ne sais pas quand je suis tombée sur ce feu, mais je me vois pensive devant cette trace d'occupation humaine, dans une forêt si dense que je m'y croyais seule. J'ai pensé à un chasseur, un tueur quelconque. Et j'ai abandonné la clairière, assez accueillante pourtant, pour chercher abri plus loin, sans plus y penser.

L'homme qui a surgi devant moi est sorti de nulle part. Il me menaçait avec une fourche. J'ai fait demi-tour, deux autres me coupaient la route. Tous barbus, grands, armés. Mon couteau ne pouvait rien. Le sentier était trop étroit pour que je leur échappe, et une course dans les fourrés pleins d'épines m'aurait fait prendre en quelques secondes. J'étais cernée. L'un des hommes s'adresse à moi brutalement, en polonais de toute évidence. Ce n'est donc pas un Allemand, mais le danger demeure. Je fais un signe de tête d'incompréhension, sans ouvrir la bouche. Il insiste, je secoue encore la tête. Alors celui qui tenait la fourche me prend par le col, et me traîne de force à travers bois, hors du sentier, jusqu'à une autre clairière, où j'aperçois une cabane de bois entièrement couverte de branchages. Quelques hommes sont assis en cercle devant, mal vêtus, les jambes entourées de chiffons sur de mauvaises chaussures. Ils ne sont pas loin d'avoir aussi triste allure que la mienne. Près d'eux, des femmes et des enfants, ainsi que deux ou trois hommes différents en uniforme inconnu. On m'amène devant celui qui semble être le chef, et lui aussi me questionne en polonais. Il n'essaie pas d'autres langues, mais de toute façon je suis butée dans le silence. Je lui montre les dents, en une sorte de sourire niais comme je le faisais à la Virago. Qu'il me prenne pour une « béotienne » lui aussi, une pauvre enfant sans défense, ne comprenant rien à rien. Les autres doivent lui raconter comment ils m'ont capturée, il grogne quelques phrases, à la suite desquelles on me fait asseoir par terre sans ménagement. Et les hommes reprennent leurs occupations. Certains nettoient leurs fusils, d'autres discutent fortement. Les femmes restent assises comme moi avec les enfants. Au bout d'un certain temps, il me semble que personne ne fait attention à moi, et je commence à bouger lentement sur mes fesses en direction des arbres. Puis je me lève, un peu courbée, pour filer. J'entends aussitôt hurler, et l'homme à la fourche me rassied par terre de force en grognant. Il est barbu et assez terrifiant. Je ne bouge plus.

Comme le soir tombe, les femmes allument du feu et y déposent une énorme marmite. Je la contemple avec intérêt, d'autant plus qu'une odeur de chou s'en dégage assez rapidement. Une soupe ? Je n'ai pas mangé chaud depuis si longtemps que cette marmite me fascine. J'avais oublié que la soupe existait. Je pensais viande, pain, fromage, et même confiture dans mes songeries du soir. Le parfum du chou est encore plus merveilleux, il est réel, à portée de salive. Les femmes servent les hommes, puis les enfants, et l'une d'elles me fait signe d'approcher, elle tend dans ma direction une écuelle de fer semblable aux autres.

C'était de la soupe claire, sans aucun goût, mais chaude, et mon estomac l'a reçue avec bonheur. J'ai ressenti comme une sorte de faiblesse tout à coup. Une faiblesse dont j'ai aussitôt pensé devoir me méfier. La chaleur du feu était inhabituelle, je n'en faisais jamais. La soupe chaude était attendrissante mais je ne devais pas me laisser prendre à cette douceur. Il me fallait demeurer sur mes gardes pour me sauver à la première occasion. Ils me donnaient à manger, c'est donc qu'ils ne me voulaient pas de mal, mais moi je ne voulais pas de leur compagnie parce qu'ils avaient des fusils. Ils m'ont fait boire une sorte de liquide incolore qui m'a brûlé les entrailles, alors que les autres enfants le goûtaient sans effort. Ils ont beaucoup ri devant mes grimaces en hurlant « Bimber ! » comme un chant de guerre. Plus tard, lorsque j'ai évoqué ce « Bimber », j'ai su que j'avais avalé une infâme vodka artisanale, fabriquée avec des pommes de terre. Mon estomac ne l'a jamais oubliée. J'ai retenu son nom, et celui du chef, qu'ils interpellaient souvent, je l'ai traduit phonétiquement « Yanus » ou « Janus ».

J'ai guetté toute la nuit. Les enfants dormaient avec les femmes, enveloppés dans des couvertures. Régulièrement, des hommes entraient et sortaient de la cabane pour monter la garde, mais ils ne m'ont jamais laissée sans surveillance. À l'aube, ils ont levé le camp, noyé le feu, et tout le monde est parti en file indienne sur le sentier, moi au milieu. Le chef menait la marche.

Arrivés en bordure de forêt, sur un haut talus qui surplombait une route boueuse, tout le monde s'est caché et a attendu. J'étais prisonnière de ces gens à cause de la route où je pressentais qu'il allait forcément se passer quelque chose. Je ne pouvais fuir d'aucun côté. Manifestement, ces gens faisaient la guerre, mais la présence des femmes et des enfants avec eux était surprenante. Je n'imaginais les guerriers qu'au masculin, et avec des uniformes, comme les Allemands. Ils n'étaient pas allemands mais polonais, avec des allures de paysans, tous n'avaient pas de fusils...

J'étais au milieu d'une bande de partisans polonais.

Le chef a fait un signe, on entendait un moteur, et soudain il a jeté quelque chose sur la route, et une violente explosion a retenti. Les hommes se sont précipités sur ce qui devait être une voiture allemande. Extirpé du véhicule, l'homme qui conduisait s'est mis à genoux, le chef lui a tiré une balle dans la tête. Un autre homme en uniforme d'officier a été sorti de la voiture en même temps, et les hommes se sont mis à le frapper violemment avant de tirer sur lui. J'ai même vu l'homme barbu, qui tenait toujours sa fourche, la planter dans le cou de l'officier et la ressortir en hurlant. Tout a été si rapide et si violent que je n'osais plus bouger, de terreur. Curieusement, la fourche m'a impressionnée davantage que le reste. Puis un jeune garçon, un peu plus âgé que moi, a fait une chose très bizarre. Il a retourné l'homme à terre pour lui mettre une plume sous le nez. Le chef a tiré une balle dans la nuque de cet homme. Ils devaient économiser les munitions.

Autour de nous, maintenant, les enfants couraient comme pour jouer, en réalité ils effaçaient les traces de la voiture avec des branches, tandis que les hommes déshabillaient entièrement les corps, et se partageaient les vêtements, les bottes et les armes. Ils ont poussé les cadavres et la voiture en contrebas, jeté des branchages dessus, et c'était fini. La petite troupe, moi au milieu, est repartie d'où elle venait, en direction de la clairière.

Ils ont recommencé le lendemain. J'étais épuisée par une nuit presque sans sommeil, peuplée de cauchemars et de désir de fuite. Nouvelle marche, en groupe, personne ne restait en arrière.

Cette fois-ci, ils ont laissé passer sans bouger un convoi allemand, ils attendaient autre chose. Ce fut encore une voiture, plus grande que celle de la veille, avec plusieurs officiers. Les hommes ont lancé des grenades et tout s'est mis à flamber. L'odeur était affreuse, la fumée noire. Une femme m'a entraînée avec elle et les autres enfants pour déblayer le chemin, comme la veille, avec des branches arrachées aux buissons. Et comme la veille, les débris fumants de la voiture ont disparu dans un fossé, arrosés de terre et recouverts de branches. La technique était simple, rodée, tout le monde s'y employait, femmes et enfants compris. Je suis restée de force avec eux plusieurs jours, ne sachant plus comment me sortir de là. D'une part, ils me nourrissaient, et d'autre part me terrorisaient par leur violence. Je me demandais aussi quelle direction prendre si je parvenais à leur échapper, car les Allemands avaient l'air nombreux dans la région. Finalement, je n'ai pas eu à en décider moi-même. Un matin, un coup de sifflet les a avertis d'un danger imminent. Ils ont décampé en emportant ce qu'ils pouvaient et, dans leur fuite, ils ne m'ont pas surveillée. J'ai fait semblant de les suivre en courant, puis j'ai pris une autre direction sans qu'ils s'en aperçoivent, et j'ai couru seule, loin de toute cette violence. J'ai couru avec la mort derrière moi. Je la sentais, elle était partout en Pologne, dans les cadavres, sur les chemins. Je croyais ne pouvoir lui échapper que seule, à l'abri des vivants puisque les vivants se tuaient entre eux.

J'ignore à quel moment de cette course je me suis retrouvée devant d'autres morts vivants. Il faisait chaud, je grimpais sur une hauteur boisée pour repérer le paysage de l'autre côté et m'orienter en fonction de ce que j'allais découvrir. Je ne m'attendais pas à la proximité d'une route fréquentée. Une troupe de gens portant des paquets marchait dans la poussière, il y avait quelques charrettes, et des uniformes allemands. Je me suis aplatie dans les broussailles, pour examiner ce défilé surprenant. La procession n'était pas très longue – une cinquantaine de personnes, peut-être plus, je n'ai pas compté.

J'étais suffisamment près pour distinguer certains visages. Il y avait des vieillards, des femmes et des enfants, mal habillés, beaucoup avançaient difficilement, visiblement harassés. Soudain, j'ai vu les étoiles sur leurs vêtements. Ils portaient tous des étoiles ! Des juifs ! Je n'en croyais pas mes yeux. Depuis le temps que je cherchais mes parents en courant vers l'est, je n'avais vu de juifs nulle part. La voix de mon père, furieuse, me revenait aux oreilles : « *Ne parle pas d'étoile... jamais ! Ils peuvent se la f...* »

Et la voix de ma mère : « *Ne parle pas comme ça devant Mishke.* »

Je me demandais où allaient ces juifs marchant ainsi, à peine gardés par deux ou trois Allemands. S'ils les emmenaient quelque part, je devais absolument y aller avec eux. Mes parents y étaient peut-être. Sûrement, même, je ne pouvais que m'en persuader. Dans ma tête, il ne devait y avoir qu'un seul endroit à l'est où se trouvaient les juifs, donc mes parents. Grand-père l'avait dit, et ces deux hommes en Allemagne aussi. C'était ma chance, enfin. Je n'avais qu'à me glisser au milieu d'eux, avec les autres enfants. Cela paraissait simple. J'étais sur une petite colline boisée qui descendait vers la route, il suffisait de descendre prudemment sur les fesses pour me cacher dans le fossé au niveau de la route. Je devais faire très vite pour ne pas rater mon coup. Les animaux m'ont appris à réagir de cette manière. Ils approchent très lentement d'une proie, et le moment où ils déclenchent leur attaque est crucial car ils ne peuvent pas se permettre de la manquer.

J'ai attendu qu'ils soient à peu près tous passés, je détaillais les visages : est-ce que mes parents étaient là-dedans ? À un moment, j'ai eu un coup au cœur devant une silhouette de femme, des cheveux noirs noués sous un foulard... j'avais cru voir ma mère ! Ce n'était pas elle en fait, mais ces gens étaient le premier repère que j'espérais depuis si longtemps. Enfin, il se passait quelque chose de positif pour moi.

J'ai guetté le passage d'un soldat allemand qui avançait à côté d'eux, presque à la fin de la file, et je me suis faufilée en vitesse derrière lui. Personne n'a fait attention à moi. Ces pauvres gens marchaient sans regarder autour d'eux, comme un troupeau, gris et sales de poussière accumulée. J'étais semblable à eux, l'étoile exceptée. Je ne sais plus de quoi j'étais vêtue à ce moment-là, probablement de frusques chapardées quelque part. J'avais les jambes nues, en tout cas, avec une sorte de culotte courte qui devait provenir d'un pantalon découpé. Et ma musette accrochée à mon cou ne contenait pas plus de victuailles. Je n'avais pas osé m'approcher d'habitations depuis plusieurs jours, j'avais faim. Du haut de cette petite colline j'en avais aperçu quelques-unes dans le lointain. La chaleur était écrasante, j'étais sale et en sueur comme les autres. Mais pleine d'espoir dans ce malheur qui les obligeait à avancer. La seule chose qui m'inquiétait était de ne pas avoir d'étoile, j'avais peur que quelqu'un me demande ce que je faisais là. Mais ces malheureux n'y prenaient pas garde, Dieu sait d'où ils venaient, et depuis combien de temps ils marchaient ainsi. J'ignorais tout de la réalité du monde en guerre, des camps et des ghettos. Après la guerre, j'ai pris conscience qu'au moment précis où je marchais pleine d'espoir dans cette petite colonne de juifs, la Solution finale avait déjà été lancée par les nazis. Nous étions considérés officiellement comme une sous-humanité à détruire ou à stériliser. Et cette petite route poussiéreuse menait au ghetto de Varsovie... j'en ai eu le vertige. Sur le moment, je pensais : « Je suis près du but. » C'était logique, j'avais trouvé l'est, et maintenant des juifs, donc j'étais proche de mes parents. Il y a des moments, sincèrement, où je ne comprends pas moi-même comment j'ai fait pour tenir. Je n'avais qu'une force, cette volonté hors du commun de retrouver ma mère, et de croire qu'ils étaient vivants tous les deux. Avec, aussi, une résistance physique exceptionnelle.

Nous marchions en plein soleil, sans boire, la poussière s'incrustait sur nos visages, mais l'espoir de me rapprocher de ma mère était plus fort que toute cette misère. Que pouvait-il m'arriver de grave ? Qu'un uniforme allemand me repère, à cause de cette fichue étoile ? Cela ne me paraissait pas représenter un danger mortel.

Le paysage changeait, peu à peu apparaissaient des maisons, probablement un faubourg. Quelques habitants du coin nous regardaient passer, des enfants surtout. Quand une pompe est apparue au bord de la route, les gens se sont précipités vers elle, et j'ai fait comme eux. Ils se bousculaient pour essayer de boire. Les Allemands les laissaient faire, l'air aussi fatigués qu'eux. Ils n'avaient pas l'air méchants, ni arrogants. Pour moi, ils les accompagnaient simplement, personne ne me semblait prisonnier ni contraint de les suivre. C'était réellement étrange lorsque j'y songe. Je confondais leur résignation, leur incapacité de fuir, avec un consentement réel de leur part. Il y avait si peu de gardes, et pas de violence, je ne pouvais pas imaginer ce que j'allais découvrir ! Je ne l'ai compris que plus tard, mais les Allemands se sentaient tellement sûrs d'eux-mêmes, et ces juifs avaient une telle peur que les uns n'avaient nul besoin de violence et les autres aucune envie de se révolter.

Tout d'un coup, au moment où on allait repartir, une femme a crié, elle se tenait la tête, elle saignait. Et j'ai vu autour de nous des gamins qui jetaient des pierres en criant « Zydow » avec un geste qui voulait dire « au revoir ».

La troupe est repartie, sans que personne n'aide cette femme. Les gens n'en pouvaient plus, certains s'asseyaient par terre, le soldat allemand venait les obliger à se relever, ils traînaient leur valise au lieu de la porter.

Petit à petit, nous sommes entrés dans un village ou une ville, et j'ai vu un panneau sur lequel était marqué « WARSZAWA » en grandes lettres. Il me semble que c'était bleu et blanc. Après cette limite, les maisons étaient serrées les unes contre les autres, hautes avec des balcons, et des gens nous regardaient passer.

J'avais rejoint cette troupe, alors que le soleil était haut, et nous ne sommes arrivés que vers le soir devant une grande porte, au milieu d'un mur de pierre.

Il y avait des soldats allemands et des hommes en uniforme bleu. C'était bizarre, je me demandais qui étaient ces gens. La troupe s'était arrêtée, et les uniformes contrôlaient quelque chose. De là où je me trouvais je ne pouvais pas voir, j'imaginais qu'ils vérifiaient l'étoile que je n'avais pas, alors je me suis glissée un peu plus haut dans la file, et j'ai vu que les juifs leur montraient un papier.

Tout doucement, je recule jusqu'à me retrouver presque la dernière, et je vais m'asseoir tranquillement sur le côté, comme si je n'appartenais pas du tout au groupe. Là je ne bouge plus, j'observe. Il faut que je comprenne très vite ce qui arrive, et comment m'y prendre pour franchir cette porte. Des gamins traînent autour de moi, ils n'ont pas d'étoile, ils regardent défiler les autres, et je fais comme eux tout en réfléchissant : il y a ce mur, cette porte large, une voiture y passerait facilement. J'aperçois des pavés de l'autre côté. Il y a beaucoup plus de monde là-bas qu'à l'endroit où je suis. J'en conclus que cet endroit est le lieu où se réunissent les juifs. L'est. Il faut absolument que j'entre là, mais il y a des soldats armés, et je n'ai pas le papier que ces uniformes bleus examinent. Bien après la guerre, j'apprendrai qu'il s'agissait de la Policja Granatowa.

Je m'éloigne un peu mais je reste là, appuyée au mur d'une maison, pendant un moment. Il y avait là un gamin qui jouait, il faisait rouler quelque chose avec une baguette. Finalement, l'idée m'est venue de lui demander si je pouvais entrer dans cet endroit. Le plus simple était de lui faire des signes, me désignant, et désignant le mur. Il m'a regardée comme si j'étais idiote. J'ai reproduit mon geste, alors avec sa baguette il a dessiné l'étoile sur la terre. Et il a mis sa main sous son cou, pour me faire comprendre qu'on coupait la tête derrière ce mur. J'ai parfaitement compris le mépris de son geste, mais j'ai montré mes yeux, je voulais voir... alors il a haussé les épaules et même rigolé, mais il m'a désigné un tas d'ordures contre le mur, en faisant mine de gratter. Comme je ne comprenais visiblement pas, il a lui-même écarté les ordures et a dégagé un trou, juste assez grand pour que s'y glisse un enfant. J'avais tellement l'habitude de m'introduire dans des lieux habités par des moyens de ce genre, que je ne trouvais pas la chose insolite. Je ne me suis pas particulièrement méfiée de ce garçon, mais ensuite je me suis demandé si cette façon de me mettre sur le chemin n'était pas trop simple, et si ce gosse n'était pas là pour dénoncer. Car lorsque je suis revenue, paniquée, quelques heures plus tard, le trou était bouché. Ou alors est-ce moi qui n'ai pas su le retrouver ?

Pour l'instant, j'étais parvenue à mes fins. De l'autre côté du mur, j'ai débouché à l'angle d'une rue. Il y avait du monde, j'ai aperçu des mendiants maigres et misérables, adultes et enfants, allongés sur le trottoir. Les gens marchaient à côté d'eux et ne semblaient pas les remarquer. Et je me demandais : mais où vont ces gens ? Pourquoi marchent-ils dans les rues ? Pourquoi cette indifférence ? J'ai tourné le coin rapidement pour trouver une cachette, et la première chose qui m'a sauté aux yeux était un mort dans le caniveau, recouvert de papiers, mais visible en partie. J'ai aperçu ses pieds, sa tête, les gens passaient sans s'en préoccuper. C'était horrible et incompréhensible pour moi.

Je cherchais à me dissimuler, la nuit allait tomber. J'avais le dos contre une porte cochère, assez grande, et elle bougeait derrière moi. Alors j'ai appuyé, elle s'est entrouverte, et je me suis retrouvée presque dans le noir. J'entendais des bruits, des pleurs d'enfants, l'endroit était habité, même s'il sentait tellement mauvais que j'ai voulu ressortir. Mais j'ai aperçu des uniformes allemands et je suis restée derrière cette porte, attendant qu'ils s'en aillent pour filer. Et là, j'ai vu se dérouler une scène qui m'a glacée de peur. Une femme avec un gros ventre, enceinte, bute sur un pavé, tombe, et cherche à se relever. Un Allemand la repousse du pied par terre, met son revolver contre sa tête, et tire. Le bruit et ce corps qui s'affale, tout est si rapide que je me sens paralysée. Prise dans un cauchemar. J'ai fermé les yeux, j'ai reculé dans le noir, en mordant ma main pour ne pas crier, puis j'ai regardé de nouveau dans la rue ; les deux Allemands s'éloignaient, comme si ce qu'ils venaient de faire était normal.

Et il y a des gens qui passent encore, qui s'écartent un peu de la femme étendue, la tête pleine de sang. Personne ne vient la voir, elle n'intéresse pas plus que ce cadavre recouvert de papiers. Je fais un véritable cauchemar, je suis entrée dans quelque chose qui n'est pas la vie. Ce n'est pas une ville, ce ne sont pas des gens réels. Je suis choquée, pétrifiée d'incompréhension. La terreur vient de me saisir de plein fouet. Je ne sais plus quoi faire derrière la porte.

Pourquoi étais-je là, pourquoi n'étais-je pas restée dans les bois, pourquoi en étais-je sortie ? Je me répétais ça dans ma tête, comme une folle. Je devais fuir cet endroit ! Mais je n'osais plus. Je ne pouvais pas me décider à retourner dans la rue. Alors, j'ai dormi – mais on ne peut pas appeler ça dormir – sous une cage d'escalier. J'entendais des cris, des gémissements, du bruit dans la rue. Mon refuge puait l'urine et la chaleur était étouffante. Lorsque des bruits de bottes ont retenti, une galopade, et des gens qui criaient, j'ai mis le nez dans l'entrebâillement de la porte, pour savoir si je pouvais fuir ou pas. La lumière s'est allumée brutalement dans la cour d'en face et des soldats sont montés dans les étages.

Ils ont jeté quelqu'un par la fenêtre, j'écarquillais les yeux dans le noir, et j'ai failli hurler au bruit mat du corps qui tombait dans la cour. Ils sont redescendus en poussant des gens devant eux, et ils les ont mitraillés. Je l'ai vu de mes yeux, c'est impossible à effacer. Comme une marque au fer rouge dans mon cerveau : le bruit des bottes, la lumière, des cris, ce corps qui tombe, et puis les bousculades, et la fusillade. J'étais fascinée et terrifiée par le bruit des fusils et par tous ces corps qui s'effondraient d'un coup en désordre. J'ai vu mourir des ombres.

Et après ce fut le grand silence. Quelque chose me serrait la poitrine, j'étouffais.

Et je ne pensais qu'à une chose : trouver la sortie de ce cauchemar.

Dans la nuit noire, je croyais repartir facilement mais je me suis perdue, je ne retrouvais plus la brèche dans le mur par où j'étais passée, je m'énervais, je tremblais, j'ai dû perdre la tête tellement je me sentais prise au piège dans cet univers de fous. Je n'avais pas d'autre solution que de retourner sous mon escalier et d'attendre l'aube. Là, je n'ai plus bougé, et l'attente a été terrible. Tout tournait dans mon esprit à une vitesse folle. Où était le passage ? Comment sortir de là ? J'ai attendu le matin qu'il y ait un peu de monde dans les rues pour ne pas être seule et visiblement sans étoile. J'étais obligée à mon tour de marcher comme les autres, en évitant les uniformes, en ne regardant pas les morts à terre. En ne regardant même pas les vivants. J'avais peur de tout. Je crois que c'est là que j'ai ressenti la peur totale, profonde, celle d'être enfermée, prisonnière au milieu des morts, dans la puanteur avec autant de gens vivants autour de moi, et qui ne hurlaient pas, ne pleuraient pas, qui marchaient comme s'ils ne voyaient rien autour d'eux, alors que j'étouffais de peur.

J'ai encore et toujours cette angoisse de traverser une ville dès qu'il y a trop de monde autour de moi, je me sens piégée comme dans le ghetto, la panique me prend, et il arrive que je ne parvienne pas à la dominer.

J'ai évité les uniformes, je croisais les bras sur ma besace, pour que l'absence d'étoile ne se remarque pas. À un moment je me suis assise par terre, près d'un petit mendiant manifestement très malade. Pauvre petite loque, me voyait-il ? Je ne peux pas le dire, mais son regard était insoutenable. Je pensais que si les gens ne s'occupaient pas de cet enfant, ils n'allaient pas s'occuper de moi non plus. Ici, les hommes laissaient mourir leurs petits ! Je les détestais. Je ne devais pas rester dans cette ville.

Plus loin, il y avait un groupe d'enfants de ma taille qui avaient l'air de jouer, alors je suis allée vers eux, je préférais m'assimiler à des petits pour passer inaperçue. Ils parlaient polonais, enfin à l'oreille il m'avait semblé, mais lorsque je suis arrivée près d'eux, ils m'ont regardée et ils ont parlé subitement en français. J'ai pensé qu'ils ne voulaient pas être compris, comme le faisaient mes parents lorsqu'ils parlaient en yiddish, ou en allemand, pour m'écarter de leur conversation. Je ne portais pas d'étoile, ils se méfiaient peut-être de moi. Un des grands jouait avec des cailloux et il a dit à un autre, d'après ce que j'ai compris, qu'il avait gagné, parce qu'il avait caché quatre cailloux dans sa main. Et il comptait les cailloux : mon père et ma mère déportés, ma sœur morte, mon frère fusillé... et ça fait quatre... Et qu'est-ce qu'il reste ? Moi, alors j'ai gagné !

J'ai trouvé abominable cette manière de compter les morts en cailloux. Le petit garçon n'était pas responsable, il reproduisait ce qu'il vivait chaque jour, il jouait avec les éléments de son quotidien... c'était horrible.

Je me suis mêlée à la foule des fantômes, et j'ai vu des hommes qui ramassaient les corps et les jetaient sur des charrettes. Parfois, un corps retombait, et un homme qui suivait derrière la charrette le remettait sur les autres. Et l'idée m'est venue en voyant cette charrette. Elle allait sûrement vers un cimetière. Un cimetière, c'est en dehors, à l'extérieur de la ville. Je n'en avais vu qu'un en Belgique, mais j'étais certaine de trouver la sortie de la ville grâce à cette charrette.

Je me suis mise à marcher à côté. Les corps me venaient pratiquement à hauteur de nez, et je m'efforçais de regarder devant moi avec la même indifférence que les autres. Un homme tirait à l'avant, avec un garçon plus jeune qui l'aidait, un troisième marchait derrière, et moi à côté. Cet équipage se frayait un chemin au milieu des passants, j'étais une gamine en guenilles parmi d'autres, je n'inquiétais personne. Et puis nous sommes arrivés devant une grille. La charrette s'est arrêtée, un garde s'est tourné rapidement vers elle, et a fait signe de passer. Il ne m'a pas remarquée.

Au cimetière, je n'ai vu que des monceaux de terre, des pierres, de grandes excavations. J'ai filé me cacher derrière un monticule de terre, de sable et de cailloux. J'ai creusé un peu pour me mettre à l'abri. Et j'ai attendu que les hommes s'en aillent. La charrette s'est arrêtée, et les trois hommes ont jeté tous les morts mélangés dans un des grands trous. Le plus jeune a pris une pelle, il a recouvert les corps, puis ils sont repartis et je suis restée là dans le soir qui tombait. Je ne voyais pas grand monde à part ce garde et quelques silhouettes à l'entrée, près de la grille.

Je pensais qu'il y aurait une sortie possible vers l'extérieur, comme au village de grand-père, un muret facile à franchir, mais ce cimetière est entouré d'un mur vraiment très haut. Je franchis la distance qui me sépare de lui, à quatre pattes. Je ne vois plus que ce mur maudit, je n'ai qu'une obsession, sortir, fuir, il faut que je trouve comment grimper là-dessus. J'essaie, et je retombe plusieurs fois, parce que je suis trop petite, le mur trop haut, et que je n'ai aucune prise pour grimper. Je longe ce mur, toujours à quatre pattes, à la recherche d'un endroit moins plat, pour me surélever. Je cherche à tâtons et tout d'un coup je sens que le terrain est différent, ça monte un peu. Mais ce n'est pas suffisant. Alors je prends mon couteau et je gratte entre les pierres, je tente de dégager un premier creux, puis un autre plus haut... J'essaie de grimper, de m'accrocher pour creuser le suivant, c'est long, je retombe et recommence. Il me semble que ce travail m'a pris toute la nuit tellement c'était laborieux. Les joints étaient faits d'un genre de ciment, dur, difficile à entamer. Je posais un pied, j'agrippais une saillie de pierre, je retombais... j'étais épuisée mais comme folle. Et finalement, à force de creuser entre les pierres, je suis arrivée au sommet du mur, et là il y avait du verre, et des barbelés. Mes mains et mes genoux saignaient, mais je m'en moquais, je voulais par-dessus tout m'échapper de cette prison d'enfer, même si je devais m'écorcher tout le corps. Une fois en équilibre, j'ai vu dans la pénombre que la hauteur de ce côté était encore plus grande. Je devais sauter, je ne pouvais pas faire autrement, c'était ma seule chance. Alors, je me suis dit : tant pis, et je me suis laissée tomber dans le vide.

J'ai dû m'assommer en arrivant, je ne me souviens pas de mon atterrissage, sauf que j'avais mal à la cheville en ouvrant les yeux, et une violente envie de vomir. Ma tête était bizarre, lourde, je ne sais pas combien de temps je suis restée par terre. Quand j'ai récupéré mes esprits, j'ai vu les entailles profondes sur mes genoux et mes jambes, mes mains étaient complètement écorchées.

Il fallait que je m'éloigne du mur d'enceinte. Je me suis levée et j'ai marché. C'était toujours la ville, mais j'ai vu des rails, une gare, un wagon d'où sortaient des gémissements. Ils m'ont fait fuir. Je ne voulais plus entendre la mort. J'ai atteint ensuite une rivière avec des marches de pierre qui menaient jusqu'à l'eau. Je me suis jetée dedans en me tenant au bord, j'ai bu et trempé mon corps dans une eau calme, fraîche à mes blessures. Je m'aspergeais sans cesse, je voulais me réveiller, retrouver mes esprits, comprendre tout ce que je venais de voir en si peu de temps. Je n'y arrivais pas. La seule chose que je me répétais, c'est que mes parents ne pouvaient pas être là, dans ce lieu infernal de cruauté, où personne ne faisait attention aux enfants malades sur les trottoirs, aux cadavres, ni à cette femme enceinte et ensanglantée. Ces images dépassaient mon entendement, elles n'avaient rien de naturel, et j'avais trop la frousse. Ma cheville était gonflée, elle me faisait mal, mais la peur était la plus forte. Je suis repartie en me persuadant que je m'étais trompée, l'est, ce n'était pas là, mon père et ma mère ne s'y trouvaient pas, je devais chercher ailleurs.

J'ai longé la rivière pendant un bon bout de temps, ne sachant plus très bien où me diriger. Prendre vers l'est n'avait plus de sens, je ne pouvais pas non plus revenir sur mes pas. J'avançais sans direction précise, je traînais un peu la jambe, je marchais mal, j'avais chaud et soif, rien mangé de consistant depuis plusieurs jours, et je venais de passer deux jours et probablement trois nuits de cauchemar. Je suis arrivée épuisée devant un village, près d'une petite rivière. C'était joli, il y avait du sable au bord de l'eau. Boire, c'était bien, surtout qu'il faisait vraiment très chaud, mais il me fallait trouver à manger, et un endroit pour dormir. J'étais là, assise sur le sable, lorsqu'une bande de filles et de garçons est passée devant moi en courant, l'air affolé. Presque en même temps, j'ai entendu une fusillade. Je n'ai pas réfléchi. J'ai couru avec eux. Heureusement ils n'allaient pas très loin, ils ont dégagé des branches dans un bosquet avoisinant, ils ont sauté dans un trou assurément creusé d'avance, et j'ai sauté avec eux. Deux d'entre eux ont vite remis les branches au-dessus de nos têtes, avant de nous rejoindre. Le coup avait l'air préparé, il n'y avait pas grand-chose à dégager.

À l'intérieur, c'était comme une tombe, les gosses alignés contre les parois se regardaient en silence. Les branches laissaient passer un peu de lumière. Ils attendaient. Moi, je tombais de fatigue et je me suis endormie. Quand je me suis réveillée, c'était la nuit, et un des gamins sortait du trou. Je lui ai emboîté le pas pour savoir ce qu'il allait faire, il m'a conduite jusqu'à une vieille pompe, et nous avons bu tous les deux. J'avais bien fait de le suivre. De retour dans le trou, il a soigneusement remis une branche en place, tout se faisait en silence. C'était étrange, manifestement ces gamins avaient l'habitude de se cacher. Ils étaient d'apparence aussi misérables que moi, une bande d'une dizaine, peut-être moins. J'étais aussi bien là qu'ailleurs pour dormir, et même plus en sécurité que si j'étais restée sur la route.

Je me suis réveillée de nouveau au milieu d'un

remue-ménage. Les branches ne nous protégeaient plus, je voyais le ciel, et les gamins dehors qui récupéraient des morceaux de pain éparpillés à terre en se chamaillant.

Je me suis précipitée comme eux, j'ai pu récupérer deux morceaux que j'ai immédiatement engloutis. Et soudain, je me suis dit : « Quelqu'un sait où on est ! On va nous trouver ! Ce pain, c'est pour nous faire sortir du trou ! » J'ignore si j'avais raison, mais mon instinct me criait qu'il y avait du danger. J'ai essayé d'entraîner une gamine avec moi, mais elle ne comprenait pas, ou ne voulait pas, je lui faisais peur avec mes signes, elle m'a retiré sa main, comme si je la dérangeais, elle voulait manger. Moi aussi, j'avais d'ailleurs encore une bouchée entre les dents, mais j'ai filé.

Ce petit village tranquille au bord de la rivière, ce devait être Otwock, situé à une vingtaine de kilomètres au sud de Varsovie. J'ai parlé de l'endroit plus tard à une survivante polonaise qui en était originaire. Des gens qui fuyaient Varsovie s'y étaient réfugiés, malheureusement il n'y avait pas de refuge possible en dehors de la forêt, et il y a eu des rafles à Otwock aussi. Et j'ai toujours eu la conviction que ces enfants s'étaient fait massacrer. Je les ai connus en vie, une seule nuit, j'ai profité de leur pain. J'avais en moi ce qu'ils avaient perdu à force de vivre ensemble, un instinct animal. Bien sûr, ces enfants étaient dans leur pays, peut-être avaient-ils encore leurs parents. Si j'avais eu les miens, moi aussi je serais restée. Mais en l'occurrence la solitude était pour moi le plus sûr des abris. Mon habitude, c'était la liberté, mon obsession : survivre et retrouver ma mère.

8

LA MEUTE

Je voulais éviter soigneusement les endroits habités, les villages. J'étais à la recherche de fermes isolées, d'eau et de nourriture facile et sans risque. La terreur provoquée par le ghetto, les morts dans cette chaleur épaisse, et ce cimetière atroce, tout me poussait vers une forêt. Mais pendant quelque temps je n'ai trouvé sur ma route que des terres agricoles. Chaque fois que j'apercevais des gens qui y travaillaient, j'essayais de savoir où je me trouvais. Je n'avais plus de plan précis.

Un jour, je me suis approchée d'un champ où deux ouvriers agricoles entassaient des betteraves. J'ai rampé jusqu'à un fossé, et tendu l'oreille. Ils parlaient français, comme en Belgique, et comme les gamins de Varsovie dont je n'étais pas encore assez loin à mon goût. J'ai saisi des bribes de phrases, ils devaient parler entre eux de camps de travail, ou de camps de prisonniers. Une phrase m'a frappée parce qu'elle contenait le mot « belge » : « Et à Minsk Mazowiescki, il y a des travailleurs belges et français... »

Si je n'avais pas eu si peur, je leur aurais demandé où était Minsk Mazowiescki. J'ai voulu le chercher seule, et j'ai tourné en rond longtemps sans le trouver, alors que je ne devais pas être très loin, je m'en suis rendu compte des années plus tard en m'efforçant de reconstituer mon itinéraire. J'ignore ce que j'aurais découvert là-bas, il valait probablement mieux que je ne le sache pas. Lorsque j'ai atteint enfin la fraîcheur d'une forêt de grands arbres, des sapins, des chênes, lorsque j'ai pu m'endormir à leur pied, les serrer dans mes bras, j'ai récupéré un peu de calme. Depuis Varsovie, mes plaies et croûtes se transformaient en cratères sanguinolents. J'ai essayé de marcher pieds nus, pour soulager mes orteils recroquevillés dans des bottes de mauvais cuir. Le résultat n'a pas été encourageant. La corne se fendillait, j'ai dû les envelopper de chiffons. Mais les chiffons tenaient mal, finalement j'ai remis les bottes, c'était plus simple que de les porter autour du cou, où pendait déjà ma musette lourde de couteaux et de pommes de terre. La forêt respirait la pureté, le silence ; les odeurs et les parfums m'assaillaient, je me débarrassais de la puanteur de mort que je traînais avec moi.

Quand la nuit approchait, je cherchais où m'arrêter, c'était important. Un abri, une protection, mon dos contre une roche, ou un tronc d'arbre suffisamment gros. Plusieurs semaines ont passé. Un jour, je longeais un petit cours d'eau et un arbre mort que j'ai enjambé facilement, quand j'ai remarqué un peu plus loin à ma gauche une cascade, et en face un monticule de gros rochers irréguliers. L'endroit idéal pour être tranquille et surveiller alentour. J'ai grimpé, pour voir ce qu'il y avait derrière l'amas de roches, et une fois arrivée au sommet... j'ai découvert dans une caverne des louveteaux !

J'étais encore à quatre pattes, alors je me suis approchée doucement. Ils étaient quatre, tout petits encore, en train de jouer. Mais un peu plus loin, allongée en surveillance sur un rocher qui nous surplombait, j'ai vu une louve qui m'a semblé très vieille et somnolente.

Une sorte de grand-mère Rita. Je l'ai considérée immédiatement comme une femelle car elle était seule avec des petits. C'étaient de petites merveilles pelucheuses, bondissantes. Des jouets comme je n'en avais jamais eu.

Ils sont venus me mordiller les mains, me tourner autour et me sauter sur le dos. Et tout à coup la vieille louve a perçu ma présence. Elle s'est dressée, et les petits sont allés aussitôt se réfugier dans leur trou. J'ai eu l'impression qu'elle venait de leur dire : « Qu'est-ce que vous faites ? Encore des bêtises ? »

Mon odeur ne représentait pas de danger apparemment. En tout cas elle ne l'avait pas inquiétée. Et c'était bien une louve, âgée, lente dans ses mouvements. Elle est venue me voir, je l'ai laissée me renifler dans tous les sens. La tête, les cheveux, l'arrière-train. Elle avait l'air intriguée, sans aucune agressivité. Je pense qu'elle reniflait sur moi une odeur plus animale qu'humaine. J'avais peut-être encore des relents de Rita et Ita. Elle est allée ensuite s'asseoir plus près des petits. Elle m'observait. Je n'ai pas bougé jusqu'à ce que les louveteaux reviennent d'eux-mêmes vers moi, me pousser du museau pour jouer. Le plus courageux est sorti le premier pour tirer mon pantalon, renifler ma musette dont je ne me séparais jamais. Elle était toujours bien accrochée, bien nouée, c'était mon seul bien... Les autres l'ont suivi. J'avais du fromage dans ma musette, ce qui ressemblait à du fromage en tout cas, dur et sec, jaune et sans goût. Ce que j'appelais le goût de la faim. Beaucoup de choses mangeables avaient ce goût de la faim. Il était rare, à part un morceau de viande de cheval, ou des œufs, que je trouve du plaisir à me nourrir de mes rapines. En le volant je ne sais plus où, j'avais cru à une motte de beurre. Il n'y avait pas eu de beurre sur ma route depuis bien longtemps. Je cassais ce bloc en petites rations quotidiennes depuis plusieurs jours. Les loups s'y intéressaient beaucoup. Alors je leur ai parlé :

— On veut ma musette ? Ah ! non, non, parce que j'en ai besoin, moi... On va partager.

Et ils étaient contents d'avaler ces miettes. Et ils jouaient, me mordillaient les oreilles, le nez, les mains, me sautaient sur le dos en cabrioles. J'étais fascinée, heureuse, je retrouvais la vie comme elle devait être. En communion totale avec l'animal.

La vieille louve, que j'ai baptisée « nounou », ne me considérait pas comme un danger, je jouais avec eux, je n'étais pas agressive, elle laissait faire. Je le voyais bien à son expression. Car les animaux ont des expressions. Une attitude, une manière de se tenir, un regard aussi explicites qu'un visage. Ils sont accueillants ou agressifs, méfiants ou inquiets, ou encore nerveux. Et je connais bien les loups. La vieille « nounou » observait nos jeux l'air de dire : « Ça va, je ne suis pas inquiète, vous pouvez jouer, je surveille. »

Cette position qu'elle avait adoptée, allongée tranquillement les deux pattes en avant, le montrait très bien. Les petits avaient dévoré tous mes morceaux de fromage et reniflaient encore ma musette. Ils essayaient de l'agripper, à cause du parfum de fromage, et je devais la défendre. Ils jouaient avec mes chaussures, mes manches, ma veste, et je ne sais pas combien de temps j'ai passé là, non seulement à les observer, mais encore à m'imprégner d'eux, de leur odeur, à mordre moi-même dans leurs oreilles. Elle m'avait manqué, cette odeur de loup, depuis la mort de maman Rita. J'aurais tant voulu être comme ces petits, joyeux, protégés, aimés dans leur trou de forêt. J'avais certainement grandi depuis mon départ, mais surtout en maigreur, en cauchemars et en frustration. Autrement, j'avais toujours six ans et le rêve impossible d'entrer dans une peau animale, d'en avoir le pelage, la liberté, la supériorité et la force.

Mais les adultes ont fini par arriver. Les grands loups. Un mâle gris, un autre, et deux femelles derrière eux, ils étaient quatre à m'observer avec curiosité. Quatre grands loups immobiles, les yeux fixés sur moi, en attente, je ne savais pas de quoi. Les mâles sont imprévisibles, Ita m'avait menacée de ses crocs au début. Et grogné. Ceux-là ne disaient rien, peut-être parce qu'ils étaient plusieurs, sûrs d'eux-mêmes, face à ce drôle d'animal à quatre pattes qui jouait avec leurs enfants.

Alors une femelle s'est comportée exactement comme maman Rita, elle est venue vers moi brusquement et d'abord méfiante. Elle m'a reniflée sur tout le corps comme la vieille, mis des coups de museau rudes, pour s'assurer que mon odeur était convenable, sans danger pour elle et les petits, donc pour les autres. Je voyais ses crocs de très près, ses babines, j'entendais son souffle puissant me parcourir le corps, et je n'avais pas peur.

L'amour absolu que j'avais pour les loups, et que j'ai toujours, tenait de l'inconscience. Si j'avais eu peur, ou envie de fuir, ils l'auraient senti. Ils sentent l'agressivité et la peur, ils sentent l'envie de fuir. C'est ce qui provoque l'agression. Maman Rita ne m'avait pas fait de mal, je ne voyais pas pourquoi une autre louve m'en aurait fait. Je n'étais ni agressive ni peureuse.

Il y avait deux mâles derrière elle et une autre femelle. Lorsqu'elle a eu terminé son inspection, ils ont grogné en s'approchant de moi tout comme l'avait fait Ita. Je me suis couchée immédiatement sur le dos en poussant de petits cris, et la louve grise s'est mise au-dessus de moi, pattes écartées. Les deux mâles et la femelle sont restés autour de nous, ils semblaient se concerter, en allées et venues, comme une discussion. Je ne bougeais pas, le cérémonial d'acceptation se déroulait normalement.

Et puis la louve grise a relâché son attention parce que les petits venaient vers elle, elle s'est occupée d'eux en les bousculant tendrement, toujours à coups de museau, et les autres m'ont laissée en paix.

Je suivais mon instinct, et j'adoptais les mêmes attitudes qui m'avaient réussi avec Ita et Rita. Pendant un long temps, je suis restée sur le dos, les pattes en l'air, au milieu de ces bêtes splendides, je voyais leurs grandes dents passer au-dessus de moi, leurs yeux magnifiques, c'était plus de l'émerveillement que de la crainte. Je voulais qu'ils m'adoptent, faire partie d'eux, et pour cela j'avais les bons gestes, les bonnes attitudes. Je savais très bien qu'il ne fallait pas brusquer un animal. Le grand-père m'avait dit la première fois, alors que j'essayais d'attraper les poules pour les cajoler : « Il ne faut jamais forcer les animaux, il faut qu'ils viennent vers toi, laisse-les venir, ils viendront s'ils le veulent. » J'étais nourrie de leçons simples, que je mettais en pratique. Je ne voyais aucune différence entre les poules et les loups. La communication était une question de patience et de respect. « Je veux de toi si tu veux de moi. »

Les petits sont revenus vers moi, ils voulaient jouer de nouveau. Mais je devais être beaucoup plus calme avec eux, j'observais les grands, guettant leur réaction. Un loup mâle ne se comporte pas comme une femelle, j'en avais l'expérience. Les règles avec eux dépendent du chef. J'ignorais encore qui était le chef de cette famille retrouvée. Ce n'était qu'une question de temps et d'observation. J'obéirais s'il réclamait obéissance.

J'ai décidé de rester là, c'était une grande famille et, si un homme cherchait à tuer, il aurait plus de difficultés avec une meute qu'avec un ou deux loups.

C'était une illusion, bien sûr, l'homme est le plus terrible des prédateurs.

Je me suis toujours sentie protégée avec eux. Le paysan qui avait tué Rita était bien plus dangereux qu'un loup à mes yeux. Alors que cet animal superbe ne pouvait pas lui faire de mal. Petit à petit, j'ai fini par m'installer devant la grotte des petits loups. Elle était suffisamment profonde pour les abriter avec leur mère. J'aurais pu y entrer aussi, mais je sentais que la mère ne l'aurait pas accepté. Ils venaient jouer sur mon dos, je me roulais par terre avec eux, je les laissais faire tout ce qu'ils voulaient. Parfois, ma position était assez inconfortable mais c'était tellement bon d'être là – quelque chose d'inoubliable, d'incomparable.

La mère est venue leur apporter à manger. Je n'avais pas encore eu la chance de voir une louve régurgiter de la viande pour ses petits. C'était fascinant, les petits venaient lui lécher la gueule jusqu'à ce qu'ils obtiennent ce qu'elle gardait pour eux. Au bout de quelques jours, je mourais de faim parce que je ne voulais pas les quitter, et il n'y avait que l'eau du ruisseau pour me nourrir, et quelques vers blancs. Je n'avais plus rien dans ma musette. Il fallait que je mange. Les petits loups étaient en bonne santé, nourris, ce que je voyais sortir de la gueule de leur mère me faisait envie. J'avais mangé pire que ça. Des vers, des carcasses pourries, j'en avais eu le ventre retourné, des coliques affreuses, des crampes, mais j'étais toujours vivante. Je ne voyais pas pourquoi je n'essaierais pas de me faire nourrir par elle. J'avais trop faim. J'étais parfois tentée de partir, d'aller chercher quelque chose, mais je me disais : « Si je pars, est-ce que je vais les retrouver ? Et comment vont-ils m'accueillir au retour ? Pour l'instant, je suis là et ils ne me font rien, mais ce ne sera peut-être pas pareil. » Si je me retrouvais seule en revenant, face à un mâle, il pourrait être mécontent d'être dérangé. Je sentais que le bonheur de ma présence dans la petite meute était fragile. Je ne voulais pas le rompre.

J'ai donc essayé de me faire nourrir par la mère. Alors, à quatre pattes je suis allée, comme les petits, renifler ses lèvres et les lécher. Au début, elle a reculé, j'ai poussé de petits cris comme eux, j'ai insisté, et d'un coup elle a régurgité devant moi. Je me suis précipitée dessus, c'était chaud ! Elle me nourrissait ! J'étais son petit au même titre que les autres. J'avalais de la tendresse et de la nourriture, en extase.

Mon amour des animaux a pris toute son ampleur avec cette meute. J'avais déjà aimé des chiens, des chats, des animaux de ferme, mais avec les loups cet amour s'est transformé en admiration, je les trouvais supérieurs aux humains. Je comprenais leur langage.

Les mâles me laissaient en paix, ils étaient jeunes, apparemment. De temps en temps, ils me jetaient un regard et venaient me frôler, mais comme j'observais toujours une attitude conciliante, ils repartaient rassurés.

Je voulais tellement m'intégrer à eux, tellement être un loup, que j'ai commis un jour une erreur. Je voyais la mère lever la patte pour faire ses besoins. Moi aussi j'ai voulu lever la patte, en mettant mon pied contre un arbre. Et tout à coup, elle m'a grogné dessus, et roulée à terre. J'ai bien cru qu'elle allait me mordre. Je cherchais à comprendre, je ne voyais pas la raison de cette punition, j'ai poussé mes petits cris, et elle s'est arrêtée de grogner. Elle avait dû estimer que la leçon était suffisante. Mais il y avait un problème, je ne pouvais pas pisser comme elle. Et j'ai compris que tous les autres, sauf un mâle, pissaient comme des chiennes, sans jamais lever la patte. C'était ça, la différence. J'ai observé un bon moment avant de me risquer à faire pipi par terre devant eux, comme une chienne, et tout s'est bien passé. Il y avait donc deux loups qui pouvaient lever la patte, un mâle et une femelle. C'étaient les chefs. Je n'étais pas chef du tout.

Les relations de la mère avec la vieille louve, qui servait de garde lorsque les autres allaient chasser, étaient assez brutales parfois. Des grognements, des coups de gueule, que j'appelais leurs « discussions ». Je me disais : « Ça y est, on discute. » Aujourd'hui, je ne pourrais plus le voir de la même manière. L'homme, l'humain m'a enlevé mon innocence en m'apprenant la peur, et je me rends compte du danger. Mais à ce moment-là je trouvais ces « discussions » normales, tellement j'étais persuadée qu'avec les loups rien ne pouvait m'arriver. Enfin, un jour, j'ai eu la confirmation de mon adoption définitive : ils sont tous partis chasser en me laissant de garde avec les petits.

J'en ai ressenti une fierté immense. J'étais un membre de la meute, j'y avais mon rôle.

Ma course vers mes parents était alors en suspens. L'intermède avec les loups m'a permis de reprendre mes esprits, de ne pas devenir folle, de retrouver une certaine paix de l'âme, comme une barrière derrière laquelle s'arrêterait l'horreur vécue. J'habitais près de cette cascade, sur ce rocher, les loups s'abreuvaient dans le ruisseau, moi aussi, je voyais leurs gueules se refléter dans l'eau, à côté de moi, c'était magique, et j'étais réellement heureuse. J'appartenais à un clan, à une famille, je n'étais plus seule, et je pouvais jouer surtout ! Le jeu m'avait tant manqué.

Depuis ma naissance, je jouais seule, sans jouets ou presque, sans la compagnie d'autres enfants. Depuis que j'étais partie à la recherche de mes parents, je jouais avec des cailloux, des feuilles, des plumes, des petits trésors provisoires que je gardais parfois ou abandonnais sur place. Dans cette meute, j'avais des copains de jeu toujours prêts à faire des cabrioles, à donner des baisers, à faire des farces. Ce bonheur était si précieux que j'oubliais tout le reste. Je m'enhardissais tellement avec la mère, que je poussais maintenant mon nez jusque dans ses babines sans aucune crainte, pour l'obliger à me nourrir. C'était absolument irréfléchi. Je ne pensais pas au danger, ses crocs n'étaient pas une menace. Mais je n'ai réussi que trois fois à récupérer un peu de viande en bouillie.

Elle avait quatre petits à nourrir, j'étais en trop. Je devais donc trouver dans les environs de quoi manger par mes propres moyens.

En général, quand des loups ont une proie, ils la dévorent sur place. Et les corbeaux viennent se régaler des restes. Car souvent l'animal n'a pas été entièrement mangé, et les loups reviennent plus tard. Un jour, alors que j'étais près de la cascade, j'ai entendu les corbeaux et je suis allée voir.

Les oiseaux déchiquetaient une dépouille de daim en assez bon état. J'ai voulu prendre un morceau de viande, et je tirais dessus lorsqu'un loup, un mâle, est arrivé. J'ai eu juste le temps de retirer mes mains, il grognait après moi, et me tenait à distance. Les autres sont arrivés derrière lui, et je ne pouvais que les regarder se partager la bonne viande, se la disputer, s'en régaler. Je devais attendre qu'ils soient rassasiés. Il n'était pas question de glisser une main au milieu. Pendant qu'ils se léchaient les uns les autres après leur repas, et que personne ne faisait plus attention à moi, j'ai pu prélever un morceau de viande presque fraîche. C'était suffisant pour moi, je n'avais pas besoin de manger autant qu'eux, même si je devais malheureusement manger au moins tous les deux jours, alors que les loups une fois bien gavés pouvaient tenir longtemps sans rien dans le ventre. Mais je me nourrissais suffisamment des restes de leurs proies pour ne pas avoir besoin d'aller souvent chercher ailleurs. Je ne tombais pas forcément sur le résultat de leur chasse, mais comme j'explorais le territoire, il était rare que je ne découvre pas quelque chose, lièvre, oiseau ou biche, peu importait. Ce qui restait après le passage d'un prédateur était suffisant pour me nourrir tous les deux ou trois jours.

Durant cette parenthèse de ma vie avec les loups, je n'ai pensé à rien, je jouissais de la beauté autour de moi, de notre compagnonnage respectueux de part et d'autre, mes petits frères loups grandissaient, c'était pour moi la vraie vie.

Je ne sais pas combien de temps cela a duré, mais les petits ont bien grandi et commençaient à chasser avec les autres. J'avais baptisé leur mère « Beauté ». Mon père disait souvent en m'appelant : « Viens, ma beauté. » Et maman répondait parfois : « Elle n'a pas été belle aujourd'hui, ta beauté... »

Beauté était ma mère de remplacement, j'avais deux frères préférés, Clair de Lune, parce qu'il avait sur une patte une tache blanche en forme de croissant, et Oreille Cassée. Il avait été mordu ou blessé étant petit et son oreille était un peu fendue. J'avais plus d'affinités avec eux qu'avec les autres, ils m'avaient d'ailleurs choisie les premiers.

C'est Clair de Lune qui a déclenché mon départ. Il a commencé à affronter un des mâles, probablement son père, en voulant lui voler un morceau de viande. Il y a eu une bataille sérieuse, et Clair de Lune a pris une raclée. Il s'est enfui la queue entre les jambes, et le grand loup lui a couru derrière, pour s'assurer qu'il avait bien compris et ne reviendrait pas. Il était temps pour lui de se débrouiller seul.

J'avais de la peine. L'enfance était finie. J'aimais beaucoup ce jeune loup avec qui j'avais tant joué. Alors, je suis partie à sa recherche, je voulais savoir ce qu'il allait devenir, il était mon frère et mon copain, et Oreille Cassée m'a suivie. J'ai cherché longtemps

Clair de Lune, jusqu'au jour où je l'ai entendu hurler sur une colline. Je connaissais sa voix. J'ai hurlé, et il est revenu vers moi. J'ai poursuivi ma route avec mes deux loups, ils allaient leur chemin qui n'était pas toujours le mien, mais me retrouvaient toujours. Parfois, je les attendais, parfois, c'étaient eux qui m'attendaient. Ils chassaient maladroitement, de petites proies, et jouaient encore comme deux frères. Un jour, forcément, ils rejoindraient un groupe où une femelle les accepterait. En attendant, nous étions trois, j'étais encore tranquille, mais la nourriture était plus difficile à trouver, car la plupart du temps ils la dévoraient sur place, et n'en laissaient que des plumes ou des poils. Je devais faire un long chemin pour gagner la lisière de la forêt et repérer les villages. Sur ce territoire, tout était différent, les maisons plus petites, éparpillées, et bien plus pauvres qu'en Allemagne. J'étais quelque part en Russie, proche de la Pologne sans doute, mais je ne savais pas où. Les notions de géographie de grand-père n'allaient pas plus loin que les grandes capitales.

Je suis tombée un jour sur un buisson de baies succulentes, et je me suis assise pour les manger. La plaine, invisible, n'était pourtant pas loin. J'étais si occupée à remplir ma musette que je ne me suis pas aperçue que Clair de Lune et Oreille Cassée n'étaient plus avec moi. Absorbée par ma cueillette, je picorais tranquillement tout en remplissant ma musette.

Ces moments de détente, où l'on est occupé par la faim, sont parfois périlleux. Je n'ai pas vu venir le danger.

Soudain, j'ai entendu crier, une voix aiguë de femme : « *Niet... Niet...* »

J'ai plongé dans les buissons, et j'ai vu un homme, un uniforme allemand, à quelques mètres de moi, si près que j'aurais pu lui tomber dessus si j'avais dépassé ce buisson de gourmandises. J'ai rampé doucement le long des buissons qui formaient une sorte de longue haie entre l'Allemand et moi. Je me savais non loin de la lisière de la forêt, je savais qu'il y avait des habitations dans la plaine, en revanche j'ignorais la présence d'Allemands. L'endroit était donc plus dangereux que je ne le pensais. Il y avait un talus derrière moi, le buisson devant, je me suis mise à genoux entre les deux pour observer.

C'était une fille à terre qui criait, l'homme en uniforme déchirait maintenant ses vêtements, elle essayait de se défendre, et il la giflait à tour de bras. Je voyais ses bras blancs et ses jambes s'agiter. L'Allemand qui l'avait renversée s'est jeté à plat ventre sur elle pendant qu'elle hurlait comme un animal blessé. Un cri terrible qui s'est amplifié et me glaçait. J'étais paralysée. Bien sûr, je n'avais jamais vu de viol, je ne connaissais de la sexualité que son aspect animal, celui des chiens et des loups, mais je comprenais parfaitement ce qui se passait. Jamais je n'avais entendu une louve hurler ainsi de souffrance au moment de l'accouplement.

Et puis l'homme s'est redressé, le sexe en sang. La fille était inanimée. Il a refermé son pantalon, et il a craché sur elle. Il a pris son revolver et a tiré une balle dans la tête de la fille. Froidement. J'ai parfaitement vu ses gestes, ils se sont enchaînés à un rythme terrible. Se rhabiller, cracher, sortir l'arme, tirer. Comme s'il avait compté un, deux, trois, quatre.

Ce n'était pas la guerre, celle rencontrée chez les partisans polonais, c'était l'assassinat gratuit d'une jeune fille innocente, exécutée comme à l'exercice. Cette scène atroce fait partie de mes pires cauchemars. J'étais pétrifiée d'horreur.

Et à ce moment-là, j'ai eu un mouvement de recul, peut-être même un hoquet de peur, je ne sais pas, mais je me suis adossée à mon talus. Je ne pouvais ni fuir ni attaquer ce soldat, et l'homme s'est retourné dans ma direction, il avait dû entendre un bruit.

J'étais presque allongée sur le dos, j'avais un de mes couteaux à la main, une lame forte, une véritable dague, alors j'ai étendu doucement le bras le long de ma jambe, le couteau contre la cuisse droite, et j'ai fermé les yeux.

Et je me suis dit : « Je ne veux pas mourir, tu ne vas pas m'avoir, espèce de salaud. »

Je l'ai entendu approcher, les feuilles craquaient sous ses bottes. Il fouillait les buissons. Je fermais toujours les yeux, rigide, il fallait qu'il me croie morte. Et j'ai eu l'impression de devenir effectivement très froide, glacée. Puis son souffle est arrivé au-dessus de moi, je sentais son haleine, et j'ai pensé : « C'est maintenant ou jamais ! » Je me suis redressée d'un coup, la lame en avant et, de toutes mes forces, je l'ai plantée droit dans son ventre.

Il a porté ses mains sur le couteau, mais je l'ai retiré en me relevant d'un bond. Il avait les mains en sang, et j'ai recommencé, encore et encore, aveuglément. Il cherchait à prendre son arme à sa ceinture, alors j'ai frappé au visage sans discernement. La lame de mon couteau se plantait dans les joues, la gorge, le sang giclait sur moi, j'étais devenue folle. Il a eu un hoquet. Ses yeux étaient fixés dans les miens. Et c'était horrible parce que j'ai vu la mort dans ces yeux-là, je l'ai vue en face, avant qu'il fléchisse en avant. J'ai encore frappé dans la nuque. Et il s'est écroulé. Enfin, il ne bougeait plus, et je pouvais reprendre mon souffle.

J'étais couverte de sang jusqu'aux cheveux, j'en avais même le goût dans la bouche. Mais j'étais toujours là, vivante, les dents serrées de haine, avec ce couteau plein de sang, à me dire : « S'il bouge, je frappe encore. »

J'ai donné un coup de pied pour vérifier qu'il était mort, et je me suis aperçue que j'avais perdu une chaussure. Elle avait filé je ne sais où. Mais il ne bougeait pas sous les coups de mon pied nu. Je l'ai touché encore, d'une main, pour être bien sûre. Il était vraiment mort.

J'ai frotté mon couteau sur sa tunique pour le nettoyer, rajusté ma musette, je me suis écartée un peu pour chercher ma galoche, puis j'ai pris sa montre, comme un butin inutile. Je ne savais plus vraiment ce que je faisais ni où j'étais. Je me suis mise à courir en rond dans les bois dans tous les sens, comme une folle. Et tout d'un coup je me suis arrêtée :

— Qu'est-ce que j'ai fait ? Qu'est-ce qui s'est passé ?

Et je suis tombée sur mes genoux, les sanglots se bousculaient dans ma gorge. J'allais éclater, ou hurler, quand j'ai vu Clair de Lune et Oreille Cassée s'approcher de moi. Ils m'ont léché consciencieusement le visage, comme pour me consoler, mais j'ai compris. Selon eux, je venais de tuer une proie, j'en portais le sang, et ils avaient coutume de se lécher entre eux après avoir déchiqueté la dépouille. J'étais un loup comme eux.

Lorsque je revois cette scène, je la trouve hallucinante. Je n'avais pas dix ans, et je n'étais plus moi, ce meurtre m'avait rendue folle de haine, j'étais prête à pleurer sous le choc. Le goût de ce sang m'écœurait, alors qu'il plaisait aux loups. Leur réaction qui faisait de moi un loup parmi des loups, venant de tuer sa proie, m'a remise d'aplomb.

Je suis allée tremper ma tête brûlante dans un ruisseau, j'ai enlevé ma veste, ma musette, tout ce que je portais pour les laver. Mes cheveux étaient collés, poisseux. Le ruisseau s'embuait de terre et de sang. J'ai chassé cette pourriture pour boire dans l'eau claire, et mes loups buvaient à mes côtés. Je me sentais puissante, forte, glorieuse du devoir accompli. Et quand mes deux compagnons se sont mis à hurler, j'ai hurlé avec eux. J'étais en vie ! C'était moi, Mishke, qui étais en vie ! Je revoyais ce type tomber, et me félicitais de la haine qui m'avait emportée : « Un coup pour la fille, un coup pour mes parents, un coup pour mon malheur... un coup pour tous ces morts... » J'étais maintenant prise d'une espèce de fierté triomphante. Les loups m'avaient vue tuer une proie, j'étais devenue plus grande à leurs yeux. J'appartenais au monde animal, définitivement.

C'est ce que je pensais. L'effondrement n'est venu qu'un peu plus tard, quand la nuit est tombée. Je ne pouvais pas oublier les yeux de ce Boche au moment où j'avais plongé le couteau dans son ventre. Des yeux agrandis de surprise. Il avait fait le geste de vouloir retenir le couteau, j'avais eu la présence d'esprit de le retirer à temps, lui laissant les mains en sang, et de continuer à frapper. Il avait voulu prendre son revolver, et je l'avais devancé.

D'où m'était venue cette force ? Haine ? Courage ? Terreur ? Instinct de survie ? C'était lui ou moi, je n'aurais pas survécu à une confrontation normale, ou à une course-poursuite. Si je n'avais pas fait la morte, et attendu aussi froide qu'une pierre avant de me redresser pour plonger d'un coup la lame dans son ventre, je n'aurais pas survécu. Mais voir la mort que l'on donne arriver dans les yeux de l'autre, c'était une expérience terriblement dure. Traumatisante, parce que j'avais ressenti aussi l'excitation de cette lutte pour la vie comme une décharge électrique. J'entendais la respiration de ce salaud, je voyais sa frayeur. Et j'exultais ! Plus le sang coulait et plus je frappais. J'étais la vie qui tuait la mort et l'humiliation de cette malheureuse fille. J'étais ivre de vengeance, et je voulais vivre, moi, tellement vivre !

Je n'avais pas eu le courage de regarder la pauvre fille. Je n'y avais même pas songé. Je savais qu'elle était morte, et sur le moment je ne pensais qu'à ma folle victoire au couteau. Ce couteau, je ne sais pas ce que j'en ai fait ensuite. Je me revois l'essuyer, mécaniquement, je me revois chercher ma galoche, après c'est un trou noir, je courais comme une folle, j'ai dû le perdre. J'en ai perdu beaucoup en tombant, ou en fuyant. J'en collectionne encore beaucoup. Comme les chaussures, les couvertures, la nourriture. J'entasse, je fais des réserves, une revanche contre la souffrance, le froid, la faim. Et mes couteaux sont aujourd'hui bien rangés dans des endroits sûrs, comme si un nazi devait encore surgir au coin de ma maison civilisée. Lorsque mon mari me demande ce que je crains encore pour demeurer ainsi sur le qui-vive après tant d'années, je réponds : « Tout. »

Le soir de cette journée de folie, je tremblais toujours d'émotion incontrôlée, il me fallait un trou, une cachette, n'importe quoi pour y disparaître et prendre le temps de récupérer. J'aurais voulu m'éloigner de cet endroit, m'enfoncer dans la forêt, loin des sentiers, de la plaine, des maisons, des Allemands. Et au lieu de cela je me suis écroulée sur place, près du ruisseau. Clair de Lune est resté près de moi, son frère est parti. Et je me suis endormie comme une masse.

Au matin, Clair de Lune était parti à son tour.

J'ai marché seule très longtemps, comme dans un brouillard. J'ai fait des cauchemars pendant plusieurs nuits, j'entendais cette fille, je voyais les yeux de l'homme au-dessus de moi... La fille criait son refus, hurlait de douleur, et il la violait, et il lui crachait dessus, et il l'achevait. Avec l'odeur, toujours cette odeur de transpiration du mâle humain qui me collait aux narines. Ce n'était pas comme mes loups. Quand la louve ne voulait pas du mâle, elle l'envoyait promener, il devait attendre qu'elle accepte. Là, c'était un sale humain qui ne respectait rien. Un monstre assassin.

Il méritait cent fois la mort pour ce qu'il avait fait. Je ne devais pas me sentir coupable de la lui avoir donnée. Alors pourquoi ces cauchemars qui me faisaient hurler moi-même ? Je n'étais qu'une enfant, c'était probablement trop lourd pour moi. Il m'est arrivé de me forcer à vivre, après ça, je me disais :

— Regarde cet arbre comme il est beau, il faut regarder la beauté, la beauté va te consoler.

J'ai toujours essayé de trouver une façon de me guérir – après maman Rita, après le piège du ghetto, et après la mort de cette fille –, je me persuadais :

— On est en vie, on va dans la bonne direction, on va trouver maman, on continue...

Je parlais aux arbres comme en prière :

— Vous voyez tout, vous savez tout, vous devez me protéger, il faut que je continue, je n'ai plus mes copains, je n'ai plus ma famille...

Et dès que je cessais de prier les arbres, j'avais de nouveau ce cri d'animal blessé dans les oreilles.

Alors je me contraignais à regarder tout ce qui était beau autour de moi, pour échapper à ce souvenir. Je crois que j'ai vécu ainsi en dépression toute ma vie, à chercher n'importe quel moyen, même le plus petit, pour la surmonter.

Au bout de tant de journées de marche dans le brouillard, je ne pensais même plus que je marchais en Russie. Je ne voyais que des arbres, et les arbres sont comme moi, ils se moquent des frontières.

Je sais que j'ai dormi dans un chêne, sur trois branches entrelacées qui formaient un joli creux. Mais il y avait surtout des bouleaux, de si beaux arbres – ils sont la Russie pour moi.

Le froid revenait, la famine avec lui. Les prairies étaient désertes, les maisons rares. Souvent, elles étaient vides, et ne m'offraient qu'un abri inquiétant. Les maisons sont des pièges, je répugne à m'y réfugier. J'ai recommencé à ronger des racines et à mâcher des feuilles, à gratter l'écorce pour en retirer un liquide amer ou des vers. Et à m'adresser au Dieu de ma mère :

— T'existes pas ! Prouve-moi que tu existes ! Donne-moi à manger... Que ça vienne maintenant ! Où est-ce que je peux trouver à manger ? Montre-moi le chemin s'il y a une ferme ! Guide mes pieds ! Mais tu fais rien ! T'existes pas !

Je crachais en l'air avec rage :

— Tiens, bouffe-la, la terre, bouffe-la... tu vas voir ce que ça goûte... tu te fous de nous, t'es rien, t'existes pas. Oh ! maman, pourquoi est-ce que tu as cru à ça ! Pourquoi ?

Et ce genre de crise finissait souvent dans les larmes.

J'ai repris ma route, sans véritable repère. J'essayais de marcher vers le sud pour faire un grand détour, car si je devais repartir à l'ouest je ne voulais pas risquer de me retrouver sur le même chemin, celui de la Pologne, celui du pays de la mort.

C'était dur de ne plus être en famille avec mes loups. Je me sentais différente, à la fois plus dure et résistante, et plus vulnérable.

Un soir, presque au crépuscule, j'ai aperçu une vieille femme, courbée, seule. Elle ramassait du bois mort dans un bosquet. Non loin de là, cette cabane de rondins minuscule devait être son logis. J'ai attendu un peu, mais je n'ai vu personne d'autre, elle était seule.

Habituellement je ne m'approchais pas, mais ces derniers jours j'avais eu si froid et si faim que je me suis avancée vers elle sans précaution particulière, et la vieille femme a sursauté. Elle ne m'avait même pas entendue venir. Je n'avais jamais vu un visage si vieux, si plissé, sec. Elle avait du mal à redresser son dos, des mèches blanches dépassaient de son fichu, et elle clignait des yeux, comme éblouie. Elle ne disait rien, moi non plus, étrange face-à-face. Cette fragilité m'a encouragée à l'aider. J'ai ramassé du bois autour d'elle, espérant qu'en retour elle me donnerait quelque chose à manger. Elle traînait un sac de toile où elle jetait son bois, je faisais comme elle. La toile remplie, elle en a noué les coins, et s'est dirigée vers sa cabane, son fagot derrière elle. Elle a entassé le petit bois à côté de sa porte, m'a fait signe d'entrer et, devant mon refus, s'est mise à parler. Je ne comprenais pas mais cette langue était pour moi une musique reconnaissable, celle de ma mère. La vieille femme était russe. J'étais sur la terre de « *doucha maya* », « mon âme ».

Je refusais d'entrer, j'expliquais par gestes que je ne comprenais pas, mais que je voulais à manger. Alors, au bout d'un moment, elle est revenue avec un bol de lait chaud et un morceau de pain noir et dur.

Elle m'a regardée manger et boire avec avidité sa maigre pitance, ce lait chaud calmait les crampes qui me tenaient l'estomac. Elle me parlait encore, avec des signes d'invite, mais je secouais la tête négativement. J'avais peur d'être enfermée. Je préférais le froid à cette porte qui pourrait me retenir prisonnière. Je me suis lovée derrière son tas de bois pour m'y reposer.

Au petit matin, les pieds gelés, j'ai trouvé devant la porte de la cabane un autre bol de lait, un autre morceau de pain. J'ai mangé, bu, et détalé. Je pensais que cette vieille voulait m'apprivoiser avec sa pitié. Mais je ne laisserais personne m'attraper de cette manière. Je n'ai pas confiance. Un loup me donne sa part de gibier, c'est un cadeau de fraternité. Un humain me fait l'aumône et je m'en méfie. Voler, chaparder, je peux le faire sans remords. La pitié m'effraie. J'ai dû cultiver ce rejet depuis la fausse pitié de la Virago.

La famine est partout, dans les villages où je cherche pitance. Lorsqu'elles sont encore habitées, les cuisines ne recèlent que des soupes, des galettes sèches. Je vois des villages bombardés, des fermes éventrées, des paysans hagards. J'ignore Stalingrad, le bain de sang des troupes allemandes à Koursk. La débâcle des nazis commence dans la vieille Russie. Si quelqu'un me l'avait dit à ce moment-là, j'aurais dansé dans la neige.

Je marche sur une route défoncée, sans grand besoin de me cacher tant le paysage est pauvre et moi affamée. Je croise un vieillard qui discute avec un homme plus jeune, il tient un chien en laisse, aussi vieux que lui. Je m'approche un peu, c'est un loup qui n'en a plus l'air. La fourrure pelée, le flanc maigre, les yeux aveugles, il est attaché par un harnais de cuir. Lorsque je tends une main vers lui amicalement, il montre les dents. Pourtant, je porte encore l'odeur de mes loups sur moi.

Pauvre vieux loup gris, dans sa faiblesse de prisonnier il m'a prise pour un agresseur plus jeune que lui. La vieille louve réagissait de la même manière lorsque « Beauté » l'embêtait. Je venais de chaparder un morceau de couenne, j'aurais pu le partager avec lui, il n'a pas voulu lui non plus de ma pitié, je l'ai compris.

Je suis repartie. Un bombardement m'a surprise en plein jour, comme il a surpris tout le village dans lequel j'étais entrée. J'étais cachée le long d'un mur, j'attendais de pouvoir m'introduire dans une maison, lorsque tout s'est mis à exploser, à brûler. Je me suis aplatie au sol, terrorisée. J'avais vu le résultat des bombardements ailleurs, le pont en Belgique, déchiqueté, et depuis que j'étais en Russie, des villages entiers. Mais je ne savais pas comment on arrivait à détruire entièrement autant de maisons à la fois. Les bombes tombent du ciel, il gronde, plein de fumée noire. Rien de commun avec les avions qui faisaient hurler grand-père en passant. Un mur s'effondre près de moi, je cours, affolée, me réfugier ailleurs. Des gens courent partout, les portes sont closes, je frappe, je tape du pied sans obtenir de réponse. Je pleure de frousse sous ce déluge de feu et de poussière. Un petit chien se jette sur moi, aussi terrifié. Il aboie comme un fou après les avions, le bruit, les bombes. Je le serre contre moi, j'essaie de le rassurer, je le prends dans mes bras pour trouver un refuge. Il n'y en a nulle part, tout vole en éclats, la rue est recouverte de débris de meubles, de pierres, de bois, d'ustensiles de toute sorte, et de cadavres. À quoi bon se faire prendre au piège dans une maison ? Grand-père disait : « Si je dois mourir, je veux mourir dehors à l'air libre. »

Je tremble, mais je m'interdis d'avoir peur en serrant les dents. Je suis dehors, à l'air libre, j'ai du courage, je ne vais pas mourir, parce que je refuse de mourir. J'en ai assez de la mort, j'en ai assez du bon Dieu qui ne fait rien pour moi, le bon Dieu est un « schmock » ! Et plus jamais je n'aurai peur !

Quand le silence est revenu, le chien grondait encore. Je l'ai lâché, il a détalé et moi aussi. J'ai fui ce village pour ne pas marcher entre les cadavres, dans l'odeur de mort. Le village était en feu et en ruine, je devais chercher pitance plus loin. Avancer, marcher, survivre encore pour retrouver un jour mes parents. Eux n'étaient pas morts, c'était inconcevable.

9

FIN D'ENFANCE

Je marchais à l'orée d'un bois de sapins, au sommet d'un talus qui dominait une route de terre. J'évitais autant que possible les terrains plats et, depuis le bombardement, me méfiais des villages et des routes. J'observais au loin les toits d'un village, surmonté d'un dôme blanc qui ressemblait à une église. La route en contrebas devait y mener.

J'ai entendu un bruit de camion, et je me suis dissimulée en vitesse. Un camion bâché, vert-de-gris, venait de surgir dans un tournant. J'attendais qu'il passe, mais il s'est engagé sur un sentier de terre, il a fait un tour pour se garer, l'arrière face à moi. Cette manœuvre m'a intriguée, car il avait stoppé juste devant un trou profond, rectangulaire et assez large. Peut-être allait-il y décharger quelque chose. Un soldat est descendu du camion et a ouvert la bâche. Un autre Allemand est sorti à son tour, celui-là portait un képi. Il avait l'air d'un officier. Le soldat a ouvert la bâche et j'ai vu apparaître des têtes d'enfants. Il les a pris un à un, pour les poser par terre, et les aligner au bord du trou. J'étais de l'autre côté, juste au-dessus de la route, et j'avais une vision parfaite de cette scène étrange.

L'enfant la plus proche tenait une espèce de poupée en chiffon à la main. Cette fillette me fascinait. Elle était blonde, comme moi, et je n'avais pas vu de poupée depuis bien longtemps. J'étais à ras de terre, derrière un arbre, le nez dans les herbes, j'attendais de comprendre ce que ces enfants venaient faire là. Il n'y avait pas de bruit, ils ne parlaient pas, ne bougeaient pas, et les soldats non plus. Ces gosses, petits et grands, avaient l'air plus misérables les uns que les autres. Mais je n'avais d'yeux que pour cette poupée de chiffon, molle, qui pendait au bras de la petite fille, et qu'elle ramenait de temps en temps contre sa poitrine.

Ils étaient tellement calmes, je ne pensais pas une seconde qu'on allait les tuer. Je me demandais seulement pourquoi on les mettait en rang, les uns à côté des autres. Mais l'officier s'est avancé, son arme à la main, et il a tiré une balle dans la tête de chacun des gosses. Et je voyais tomber les corps, en silence, après chaque coup de feu, avec une telle stupéfaction que si je n'avais pas entendu le bruit de l'arme, j'aurais cru qu'ils se laissaient tomber tout seuls. J'ai vomi d'un coup, comme si mon estomac voulait sortir de mon corps. Mais je ne pouvais pas détacher mes yeux de ce spectacle hallucinant. La dernière petite fille, celle que je voyais le mieux avec sa poupée, est tombée pendant que je m'étouffais d'horreur et d'impuissance.

J'avais envie de hurler : « Filez ! Sauvez-vous ! » J'ai dû m'empêcher de crier. Et je ne pouvais rien faire. J'étais dans l'impossibilité d'agir sans risquer ma propre vie, ça me rendait folle. J'ai cogné ma figure contre l'arbre, au point d'y incruster de l'écorce. Je devais passer mon envie d'éclater de rage. J'avais la trouille. Malgré le courage, la trouille était là, au ventre, dans la tête.

Le soldat a pris une pelle dans le camion pour recouvrir les enfants de terre. Ces enfants qui n'avaient pas crié, ni pleuré, ni tenté de fuir, disparaissaient peu à peu sous les pelletées. Après les coups de feu, le silence rythmé par la pelle était encore pire. Le camion est reparti, et je suis restée hébétée, le visage couvert de vomissures. Je me disais : « Qu'est-ce que je fais ? Est-ce qu'il y en a qui sont encore vivants ? J'aurais dû tuer cet homme ! » Mais c'est lui qui m'aurait tuée.

Et j'avais cette rage d'être impuissante. Je me sentais presque lâche. Ces enfants qui étaient tombés un par un, les autres qui attendaient leur tour sans réagir. C'était leur absence de révolte qui m'avait fait le plus peur. Pas un cri, pas une tentative de fuite ! Moi, j'aurais essayé ! Ils étaient sûrement affaiblis, sans forces, peut-être malades, mais je ne comprenais pas leur passivité et je ne comprenais pas qu'un homme puisse faire une chose pareille : tuer des petits.

Je pensais : « Les Allemands tuent tout, les enfants aussi, les femmes, les hommes, tout le temps. Ils n'ont pas le respect d'une vie, ils n'épargnent personne. » Le camion était parti depuis longtemps mais je suis restée. J'ai vomi de la bile, de l'eau, ça me faisait mal au ventre. Et je regardais cette fosse, médusée, coupable, enragée, incapable d'aller voir sur place s'il y avait des survivants, de déterrer ces corps d'enfants. Plus rien ne bougeait, j'avais peur que le camion revienne, et que tout recommence. La fosse était grande, ils ne l'avaient pas comblée entièrement, il restait de la place...

Le village n'étant pas loin, j'en ai déduit que les enfants devaient venir de là, et que les Allemands pouvaient en amener d'autres. J'étais une enfant moi-même, je l'oubliais à force d'être seule, mais soudain une idée m'a frappée avec force. Ceux que j'avais vus tomber me semblaient de ma taille. Soudain, je me suis demandé si j'étais vraiment comme eux, aussi grande ou plus grande. Je voulais savoir si les Allemands tuaient des enfants de ma taille, donc de mon âge, comme si la mort ne concernait que ceux-là. J'avais vu des tout-petits, c'est ce qui m'effrayait. Je me disais : « Si je suis plus grande que les plus petits, je suis certainement en danger. »

Je me suis adossée à l'arbre, j'ai planté mon couteau au-dessus de ma tête, et j'ai compté combien de mes mains je mesurais. Ça ne m'a donné aucune idée précise sur la taille des autres, mais je me suis trouvée grande.

Après la guerre, et pendant longtemps, je ne pouvais pas parler de ces enfants sans pleurer. Dans mes cauchemars, je les revoyais tomber comme des bonshommes minuscules, et je tombais avec eux dans le vide. Je ne supportais pas l'idée de m'occuper d'enfants. On disait parfois de moi : « Elle ne les aime pas ! » C'était faux, mais par moments, si l'un d'eux faisait un caprice pour une bêtise, je revoyais ces petits tomber dans la fosse, et ce gamin qui pleurait m'insupportait parce que je ne pouvais pas lui expliquer la guerre. De même, si je rencontrais un Allemand, l'image de l'autre se superposait immédiatement dans mon esprit – ses yeux, ce sang, mais aussi cette haine dont je ne pouvais pas guérir.

Ce jour-là marqua la fin de mon enfance sauvage et inconsciente. Je ressentais le danger différemment. Je n'étais plus rien d'autre qu'une petite fille à abattre, une gamine juive qui avait cru pouvoir retrouver ses parents et les sauver. Un rêve de gosse irréalisable qui pouvait s'achever en cauchemar de mort. C'était la guerre et j'étais un combattant. Comme les autres, j'avais eu du courage, j'avais eu peur, je m'étais faufilée comme une petite souris invisible acharnée à trouver son chemin. Mais je ne savais plus où était le chemin à présent.

Il semblait que l'est s'arrêtait là. Je n'avais pas été capable de trouver ma mère, c'était terrible.

Je n'avançais plus que par nécessité, pour ne pas renoncer. Un jour, au-dessus de ma tête, bien au-delà des grands arbres, j'ai vu des oiseaux de proie tournoyer. J'allais trouver de quoi manger en suivant leur vol. Mais j'ai discerné autre chose dans le ciel, une petite colonne de fumée, mince, légère et grise. Un feu, donc des humains.

J'avançais prudemment, l'estomac vide. J'aurais peut-être la chance de chaparder quelque chose sur la part d'un chasseur. Et si le danger était trop grand, je rebrousserais chemin et ferais confiance aux oiseaux.

Près de la grande cabane d'où s'échappait la fumée, il y avait deux hommes, une femme et un cheval attaché à un arbre. Ils ne portaient pas d'uniformes. L'un des hommes taillait un morceau de bois avec un couteau, il avait l'air paisible et parlait aux autres. Mais c'était quand même trop pour moi. J'allais me replier silencieusement lorsqu'une main s'est abattue sur mon cou. Une main énorme, au bout d'un bras énorme qui me tenait en l'air aussi facilement qu'il aurait tenu une plume.

J'en ai pissé de peur dans mes pantalons. J'en portais au moins trois enfilés l'un sur l'autre, retroussés, attachés sous les bras, et grimpant presque jusqu'au menton. Une vieille capote me tenait lieu de manteau par-dessus ma veste. Je devais puer, j'étais couverte de plaies et de croûtes, mais j'avais chaud.

Je me débattais comme un diable, en donnant des coups de pied, et l'homme me regardait de toute sa hauteur, barbu, une force de la nature. Il m'a ramenée sans aucun effort et m'a posée devant les autres sans me lâcher. Là, j'ai vu qu'il y avait du monde de l'autre côté de la cabane, une dizaine d'hommes avec des fusils, mais toujours pas d'uniforme reconnaissable. Ils ont parlé entre eux. Une langue aux consonances familières, du russe. Au moins, j'étais sûre de ne pas avoir affaire à des Allemands. Mais je me taisais, comme toujours. On m'a emmenée à l'intérieur. Il y avait un poêle, du bois, une table, quatre ou cinq enfants plus grands que moi, installés sur des banquettes superposées, des femmes, et encore des fusils dans un coin de cette pièce assez grande et basse de plafond. Il y faisait chaud, ces gens n'avaient pas l'air nerveux, ni menaçants, l'homme qui m'avait attrapée par le cou comme un lièvre souriait même en parlant à la seule femme que j'ai remarquée, parce qu'elle était belle. Grand-père l'aurait appelée une « belle grande femme ». L'homme qui taillait son bout de bois devant la cabane m'observait avec curiosité, et je le regardais moi aussi, en dessous, prête à faire la « bête » et à m'enfuir à la première occasion.

Il essayait de me faire comprendre quelque chose. Finalement il se frappe la poitrine et articule distinctement : « Misha. » Puis il tapote la mienne et attend. Comme je ne dis rien, il fait de même avec la grande femme et la désigne : « Malka. » Et il recommence encore en se désignant lui-même : « Misha »...

Je m'appelais Mishke jadis, avant tout ça. Mon prénom d'origine n'a pas été prononcé depuis que je n'ai plus mes parents et la ressemblance avec Misha est rassurante à l'oreille, tendre même. Alors j'ai essayé de sourire à cet homme et il a eu l'air content.

Je me demande aujourd'hui ce qu'il a pensé de cette gamine pouilleuse surgie de nulle part et qui ne parlait même pas sa langue.

Je n'avais même plus à faire d'efforts pour être muette à ce moment-là, je l'étais devenue dans le silence, la solitude et la sauvagerie. Mais l'humanité elle-même était sauvage en ce temps. Tout était possible dans l'horreur, alors d'où venait cette gamine, ce qu'elle avait vécu, où était sa famille... Je ne devais pas être la seule petite épave de cette guerre abominable.

Misha a dit encore quelque chose, et comme je ne comprenais toujours pas, il s'est adressé à Malka. En la voyant s'activer j'ai su qu'elle allait me donner à manger.

Pour qui n'a jamais crevé de faim, il est difficile de comprendre ce que représente une gamelle chaude ou simplement un dé de pain noir. C'était une soupe de je ne sais quoi – probablement de chou, il n'y avait guère que cela. J'ai tout avalé, et Malka m'a resservie. Il y avait tellement longtemps que je n'avais pas reçu de nourriture de la main d'une femme, et si longtemps que je n'avais rien eu de chaud ! J'avais l'impression de manger de la soupe pour la première fois de mon existence.

Le lien positif entre cette nourriture et le sourire d'une femme, la bienveillance de cet homme me regardant l'avaler est simple à comprendre. J'y retrouvais une normalité humaine, un sentiment de sécurité.

Malka était jeune, vraiment belle, elle portait des jupes volumineuses, un couteau glissé dans un ceinturon, et des bottes. Elle parlait chaleureusement avec ce Misha, posait sa main sur son épaule, et lui souriait, me souriait aussi en me montrant les enfants, pour me faire comprendre que je pouvais moi aussi dormir là, avec eux.

J'ai eu envie de pleurer, je m'en souviens. Ces deux-là, et même le colosse qu'ils appelaient Pétia, n'étaient pas méchants. Ils ne portaient pas sur leur visage la hargne et la violence des partisans polonais. Pourtant, ils avaient des fusils et Misha avait l'air d'un chef, non d'un simple chasseur des bois. Ils devaient donc combattre eux aussi les Allemands. Ils étaient à l'aise dans leur grande maison des bois, et à la nuit tombée ils ont mangé, bu, chanté et discuté entre eux, et je me laissais bercer par la musique de leurs voix comme par celle de ma mère. Depuis que Malka m'avait donné à manger, je n'avais même pas eu l'idée de me sauver. Seulement envie de pleurer d'un soulagement inexplicable. Il était imposant, ce Misha, mais pas du tout inquiétant. Et ils avaient l'air de s'entendre si bien, d'être si heureux ensemble, qu'ils me fascinaient. Des gens sains, normaux, comme l'étaient Marthe et grand-père.

Les enfants me regardaient en riant, et les femmes parlaient visiblement de moi. C'était insolite, inhabituel, mon premier vrai contact avec des humains depuis si longtemps.

Une heure avant j'étais prête à dévorer les restes des oiseaux de proie, et voilà que j'étais au chaud, le ventre plein, au milieu de ce qui ressemblait à une grande famille assez joyeuse.

Je voyais bien qu'ils riaient de moi, mais je ne savais pas ce qu'on me préparait pour le lendemain. Et bien que Misha ait fermé la porte d'une grande barre de bois, je ne me sentais pas prisonnière. J'ai dormi avec les enfants, sur des bâtis de bois disposés autour d'un poêle tiède, dans une paix oubliée, le ventre apaisé. Mon dernier repas avant cette soupe bienfaisante remontait à un cheval mort découvert dans une ornière au bord d'un champ. Il était déjà bien rongé, creusé, je n'y avais presque rien trouvé de consistant. La carcasse était dure et raide, j'avais eu l'idée de m'y coucher pour me protéger du vent glacial qui venait de la plaine. J'avais dormi là-dedans comme dans une petite grotte.

Rien de ce qui touchait aux animaux ne m'a jamais fait peur. La mort d'un animal était une chose naturelle pour moi ; dans l'existence que j'avais menée avec les loups, je les avais vus chasser, me rapporter des proies, c'était normal. J'aimais les lapins, les lièvres, je ne les aurais pas tués moi-même, mais une fois morts, ils étaient ma survie.

Le lendemain, la porte était ouverte. J'ai monté les trois marches de terre battue et je suis allée voir le cheval, bien vivant, sans aucune envie de me sauver. Je voulais seulement le toucher, le caresser, retrouver le contact d'un pelage. Voyant que je m'y intéressais, Misha m'a donné de la paille et montré comment le brosser. J'étais à mon affaire avec un animal, tout allait bien. Mais Malka est venue me tirer par la main, et a entrepris de m'expliquer avec force gestes et mimiques que je devais me laver.

Je ne voulais pas. Je croisais les bras sur ma crasse et ma musette pour protéger mon corps de cette intrusion trop humaine.

J'étais en confiance, entourée de gens très gentils, mais je ne voulais pas enlever mes nippes. Sans se préoccuper de mon refus, Malka remplissait déjà une bassine près du poêle, et Misha m'observait l'air rigolard. Ils ne me voulaient que du bien, mais je regardais cette bassine se préparer avec angoisse, sans savoir comment échapper au supplice. Retirer mes loques, me laver, c'était m'enlever ma peau, détruire mon odeur de loup, je me voulais animal sauvage, avec mes croûtes, mes plaies, mes pieds tordus et gercés, et voilà qu'on me tendait un morceau de savon rugueux, des chiffons pour m'essuyer, des nippes propres. Je suppose que la veille, tandis qu'ils buvaient et riaient entre eux, ils s'étaient dit que je sentais vraiment trop mauvais. C'était le cas certainement, je n'avais aucune idée de mon aspect. Je refusais toujours en secouant la tête, alors Misha a fait sortir tout le monde, il a pris une chaise de bois, l'a mise ostensiblement devant la porte, s'est assis pour me montrer qu'il allait se tenir là, et il a refermé la porte en me laissant toute seule devant cette bassine.

Je suis allée vérifier qu'il était bien là, partagée entre l'envie de filer et la crainte de déplaire. J'ai entrouvert, et il m'a fait un clin d'œil.

J'étais tout de même tentée par ce bain, par sa chaleur surtout. J'y ai trempé ma main d'abord, et finalement, je me suis déshabillée pour entrer dans la bassine. Mon dernier bain remontait à des années. C'était à la ferme avec Marthe, et ce rapprochement était vraiment insolite. J'avais même oublié que l'eau chaude existait.

Je regardais les vapeurs monter autour de moi, je me sentais bien, mais je surveillais malgré tout ma musette et ses trésors. Mon couteau, ma boussole, la montre de l'Allemand, quelques os ramassés pour les rogner, des bricoles chapardées au hasard. Cette musette, c'était mon passeport, mon viatique, mon unique possession depuis que j'étais partie à l'est. Avec ma vieille veste, dont je bourrais les poches de tous les poils d'animaux que je pouvais ramasser. Des touffes de poils de loup s'y trouvaient encore, j'en faisais de petites balles douillettes. Elles m'étaient bien plus précieuses que de l'or. L'or n'avait aucune signification pour moi, je n'aurais même pas su le reconnaître. Mais avec tous mes trésors étalés là par terre, je me sentais dépouillée et mal à l'aise.

Je me suis résignée à utiliser ce bout de savon, et l'eau est devenue noire, vraiment noire. Toutes sortes de saletés y flottaient. C'était immonde. En me défaisant de ma crasse, je commençais à avoir froid. Et les plaies débarrassées de leurs croûtes se sont mises à saigner. Je me suis servie des chiffons pour les protéger, surtout aux pieds et aux jambes. J'ai ramassé mes frusques sales, je me suis rhabillée, j'ai enfilé les propres par-dessus. C'était un réflexe pour moi, dès que je trouvais quelque chose à peu près à ma taille, je l'enfilais par-dessus ce que je portais. Si le vêtement trouvé était trop grand, je le taillais, le raccourcissais avec mon couteau, j'utilisais ensuite les lambeaux de tissu. Je m'étais ainsi fabriqué des sortes de jambières lorsqu'il faisait froid. Je faisais tenir le tout avec des morceaux de chiffon transformés en ficelle. Ainsi mes pieds pouvaient se caler dans des bottes trop grandes pour moi. Et je pouvais en faire des pansements rudimentaires.

S'il faisait chaud, je trottais pieds nus sur ma corne personnelle. Elle était devenue si épaisse que je ne sentais plus rien. Je l'entamais parfois au couteau avec un petit canif, et je mâchais ça comme du chewing-gum.

J'étais prête, ma musette autour de mon cou, j'avais perdu trop de ma peau dans la bassine, mais je voulais faire plaisir à ces gens. Je suis allée ouvrir la porte et, en me voyant attifée de la sorte, Misha s'est mis à rire en se tapant sur les cuisses. Une autre femme aussi, alors j'ai ri avec eux sans savoir pourquoi, car ils ne m'ont même pas obligée à me changer.

Ce temps passé avec eux m'a redonné envie d'être choyée, et aimée. Je vivais là une trêve dans ma guerre personnelle, ma lutte solitaire pour survivre jour après jour depuis des années.

Je devais avoir dix ans à cette époque, et je me sentais déjà vieille d'un siècle.

J'ai pu explorer le territoire de Misha en toute liberté, à l'exception d'une deuxième cabane un peu à l'écart, plus petite. Elle était bouclée, j'ignore ce qu'elle recelait. Je brossais le cheval régulièrement, c'était devenu mon travail. Les repas étaient toujours chauds, à base de soupe et de pommes de terre. Les hommes buvaient le même alcool que les Polonais, et ils chantaient souvent le soir, avant que la tribu s'endorme. Les femmes se couchaient avec les enfants les plus jeunes, j'avais ma place contre un autre gamin sur une banquette de bois, sous des couvertures. Dans la journée, j'observais beaucoup Malka, je l'admirais, et j'essayais de comprendre quelques mots, *voda*, « eau », *cousok chleba*, « morceau de pain », *sol*, « sel », *miol*, « miel »... Mais je préférais à tout m'asseoir près de Misha. C'était le chef, grand et fort, que tout le monde respectait. Il avait un couteau magnifique qui m'attirait. J'avais perdu beaucoup des miens. Le couteau, pour moi, c'était un outil indispensable, à la base de tout. Je ne pouvais pas survivre sans lui. Voyant que j'admirais sa lame, Misha me l'a tendue. Il m'observait, et la manière dont je l'examinais, la maniait, a dû lui apprendre quelque chose sur moi. J'étais quelqu'un qui connaissait les couteaux. Je le lui ai rendu, et il a fait une mimique qui voulait dire clairement : Toi, tu sais t'en servir...

Lorsqu'il discutait avec les autres hommes, j'entendais souvent le mot « Koniev » comme s'il parlait de quelqu'un. En réalité, Ivan Stepanovitch Koniev commandait le premier front d'Ukraine, c'est lui qui a libéré Prague en 1945. Son nom revenait dans les conversations et ils en parlaient avec sérieux. Et les jours ont passé. Chaque fois que je me retrouvais dans un havre de douceur ou de semi-sécurité, je n'avais plus envie de bouger. J'avais besoin de ce repos.

Et puis un matin, j'ai vu une charrette, le cheval attelé, les hommes vidant la cabane, sortant les fusils, et Misha est venu me prendre par la main. Il voulait me faire monter dans la charrette avec les autres enfants. Je ne voulais pas.

Il paraissait contrarié. Comment lui dire que je ne pouvais pas aller avec eux ? J'allais repartir puisque je n'avais pas retrouvé mes parents. Et je m'étais mis en tête qu'ils me cherchaient peut-être là-bas, en Belgique. Il fallait bien que je me raccroche à quelque chose. Si j'avais accepté la mort de ma mère, je serais restée sur place, et j'en serais certainement morte moi-même. Depuis que j'étais à l'abri avec Misha et Malka, l'absence de maman était encore plus douloureuse. J'en pleurais en tapant du poing par terre, dès que j'étais seule. Impossible de parler, de dire tout cela, alors, comme un âne buté, je secouais la tête, je montrais une route imaginaire derrière moi.

De toute façon, ils ne pouvaient pas m'aider davantage, je devinais qu'ils allaient se battre, qu'ils emmenaient les femmes et les enfants car ici tout le monde se battait.

Les femmes et les enfants m'attendaient, Misha insistait, mais je secouais la tête courageusement, malgré mon chagrin de les voir partir. Mes yeux devaient exprimer la désolation de me retrouver seule, mais aussi ma détermination. Alors il m'a fait le plus beau cadeau du monde, un couteau qui ressemblait au sien, du pain noir, et un bonnet de fourrure comme ils en portaient tous. Une chapka. J'ai fouillé dans ma musette, je voulais lui donner quelque chose moi aussi. Je lui ai tendu un de mes trésors, la montre de l'Allemand. Il l'a acceptée, puis il a posé sa main sur ma tête enfouie sous le bonnet, et ils sont partis.

Plus tard, longtemps plus tard, après que les Russes ont hissé leur drapeau sur le Reichstadt, j'aurais voulu être avec eux. J'avais perdu ma guerre, perdu mes parents, je n'avais pas remporté de victoire, puni personne, et nul ne m'avait jamais demandé pardon.

Je suis restée plantée devant cette cabane désertée, triste mais en meilleur état physique. L'hiver en Ukraine avait été bien moins terrible qu'en Allemagne, on m'avait nourrie, réchauffée, je me sentais capable de repartir, vers l'ouest cette fois.

Mais mon ouest allait m'entraîner vers la Roumanie et la Yougoslavie, je n'avais pas pensé aux montagnes ni aux ravins qui se trouveraient sur ma route.

Je suis repartie seule pour une marche forcée. J'aurais voulu pouvoir courir, sauter les obstacles pour retourner en Belgique. Mais, là encore, la petite boussole de grand-père n'était pas suffisante pour me le permettre.

J'avais quitté la forêt, je ne pouvais pas faire autrement, je marchais dans la plaine, et je suis tombée sur un charnier. Des morts encore, des soldats russes. J'ai regardé, avec cette indifférence qui me servait de carapace de protection. J'ai vu des étoiles dorées sur un bonnet, et sur une épaulette. Je les ai prises, quatre sur un bonnet, trois sur une épaule, et je les ai mises dans ma musette avec mes trésors. Elles ne m'ont plus quittée, je les considérais comme de vrais souvenirs de guerre, celle des Russes, celle de Misha. J'emportais avec moi un symbole lié à l'origine russe de ma mère, je les lui offrirais dès que je l'aurais retrouvée.

Lorsque j'ai vu de loin brûler un camion allemand, des Russes danser autour, j'ai cru à la victoire. Cette fois, ai-je pensé, je peux marcher librement, je ne rencontrerai plus de « Boche » sur ma route. Malheureusement, il en restait au moins un, tout seul, devant un pont que je devais absolument traverser. Tout autour je ne voyais que des montagnes, le précipice était immense en dessous de ce pont. J'ai observé ce maudit Allemand posté là avec son fusil un bon moment. Il était vraiment seul, c'était étrange. Il surveillait le pont, mais personne ne passait dessus...

Je me sentais un peu comme autrefois à la ferme, la première fois où, grimpée sur l'échelle de la grange, j'hésitais à me lancer pour sauter dans le foin à cause de Marthe qui avait peur :

— Descends ! Tu vas te faire mal !

— Saute ! disait grand-père. N'aie pas peur !

J'avais sauté. Et il m'avait donné une de ces leçons favorites, courtes et inoubliables :

— Quand on doit prendre une décision, il faut la prendre vite... après il est trop tard.

Franchir ce pont, c'était un peu la même chose. Je ne devais pas attendre. Je me suis avancée, ma main dans la musette où se trouvait le couteau de Misha. J'ai fait un sourire au soldat, il m'a rendu une vague grimace, je suis passée devant lui, en me confortant intérieurement : « S'il bouge, s'il me court après, je lui plante mon couteau dans le ventre. »

Ce Boche devait me regarder marcher et je ne voulais ni me retourner ni courir. S'il me voyait courir comme un animal aux abois, il me poursuivrait ou me tirerait dans le dos.

J'ignore si ce pont avait un intérêt stratégique, probablement pas. Mais j'étais fière de l'avoir franchi en maîtrisant l'affreuse trouille qui me brûlait le dos à chaque pas.

Le territoire que j'abordais m'était et m'est resté inconnu, je l'ai traversé sans jamais savoir où j'étais. Je marchais tout le jour, sans autre repère que ma boussole, je cherchais l'ouest, mais des obstacles infranchissables m'empêchaient de maintenir ma route. Je me retrouvais au sud, à l'est, je grimpais, j'attendais parfois longtemps un terrain plat et des habitations. Malheureusement, la mort était encore sur ce chemin, je la sentais. Les Allemands étaient de plus en plus rares, mais il y avait d'autres uniformes bizarres, noirs, avec des croix. Lorsque je trouvais un village, il était en ruine ou abandonné. Je n'avais plus froid, mais j'avais le sentiment d'être prise au piège devant des montagnes qu'il fallait contourner sans cesse. Je marchais dans les cours d'eau pour soulager mes pieds, j'escaladais un énorme rocher pour m'orienter, je redescendais, découragée par la vision du versant qui donnait dans le vide. Je m'épuisais bien davantage que dans les forêts d'Allemagne ou d'Ukraine. Les pays que je traversais s'appelaient alors Moldavie et Roumanie, là où régnait encore la domination pronazie du maréchal Antonescu. Les montagnes qui me barraient l'ouest, les Carpates.

La vallée dans laquelle j'étais emprisonnée devait être celle de la rivière Siret ou celle de la Prut, qui sait... J'avais beau me tourner en tout sens, soleil levant ou couchant, j'étais bien obligée d'aller vers le sud.

Ce fut une équipée épouvantable, qui m'a paru interminable, jusqu'à ce que je retrouve une plaine qui m'a permis de marcher plein ouest. Je connaissais pour la première fois l'angoisse d'être vraiment perdue.

Et cette angoisse me faisait marcher sans relâche, je commençais dès l'aube, je m'écroulais à la nuit. Si j'avais la chance de tomber sur une nourriture quelconque, je l'avalais en marchant. Je voulais sortir de là, et rentrer chez moi. J'avais grandi, je n'avais plus la naïveté du départ, d'où mon angoisse. Et la nuit les cauchemars ne me quittaient pas. Je n'y voyais que des morts, ou un vide vertigineux dans lequel je tombais. Si j'ai moins de souvenirs précis de cette période, autres que cette marche harassante, c'est que je déprimais. Physiquement et moralement, je sentais, sans mettre un nom sur mon état, que mon courage s'en allait. « On » avance, « on » grimpe... ma formule ne fonctionnait plus comme avant. Je pleurais, moi le petit soldat, je n'avais même plus la force d'insulter ni d'appeler au secours le Dieu de ma mère.

Je parlais encore aux arbres, ou aux oiseaux, et je les enviais d'être libres là-haut. Ils n'avaient pas mal aux pieds, j'aurais voulu des ailes moi aussi pour soulager ces maudits pieds.

J'ai eu la chance de tomber sur un homme avec une charrette qui transportait des peaux de bêtes. Je l'ai laissé passer, et j'ai réussi à lui en voler une. Mes galoches étaient raides d'avoir trempé dans l'eau froide, j'ai fabriqué des semelles, pour amortir les chocs, et lorsque la température s'est montrée plus clémente, j'ai marché pieds nus.

J'ai rencontré un cheval noir, seul dans un pâturage, libre et sans harnais. Quelqu'un à qui parler, lui dire qu'il était beau et doux. Mais je n'arrivais pas à l'approcher suffisamment pour le caresser. Il se dérobait, effrayé. Alors je me suis assise et j'ai attendu. C'est une des rares images précises que je garde de cette période. Le pré était vert, le cheval noir, c'était simplement beau. Il a fini par venir me renifler avec bruit. Je lui ai tendu un morceau de galette, il l'a accepté. Je l'ai caressé longtemps avant de tenter de grimper sur son dos, et je suis tombée une première fois, puis une autre et une autre. Il était grand, j'étais petite et trop fatiguée pour m'agripper à sa crinière. J'ai finalement réussi à me hisser à plat ventre, à glisser de côté pour atteindre son cou, moins large que le dos, et là j'ai pu m'asseoir à califourchon, tout près de sa tête.

— Avance, marche s'il te plaît, porte-moi...

Je ne savais pas monter, ni encourager un cheval à démarrer. Mes bras étaient autour de son cou, je lui parlais doucement, il a fini par avancer, lentement, un pas après l'autre, avec une régularité qui me berçait, mais quand il a décidé de trotter, je suis tombée par terre et j'ai dû recommencer l'escalade. Je croyais pouvoir dormir sur son dos tandis qu'il marcherait pour moi, je venais de comprendre qu'il fallait serrer les jambes pour ne pas glisser, et lui tapoter la tête pour l'empêcher d'aller trop vite. J'ai dormi un peu. Il a fait un bout de chemin, il s'est arrêté sans que je le lui demande, pour manger de l'herbe. Comme il restait debout, et que la nuit venait, je me suis appuyée contre lui, et j'ai dormi debout avant de m'écrouler dans l'herbe. À mon réveil il avait disparu.

J'ai repris mon chemin solitaire, et découvert enfin une ligne de chemin de fer. Puis une petite gare. J'ai choisi une cachette pour observer le monde. Des soldats toujours, beaucoup trop, et des voyageurs, adultes et enfants. Les enfants m'intéressent, ils sont aussi mal nippés que moi, et presque aussi sales. Ils courent après les wagons, sautent sur les marchepieds, tendent la main aux voyageurs, détalent sous le nez des soldats comme des cabris insaisissables.

Au bout d'un long temps d'observation, un train est arrivé en gare, et j'ai vu deux gamins sortir de dessous un wagon, et filer. Il y avait là un moyen de se faire transporter. L'obstacle était ces soldats trop nombreux. J'avais peur de ne pas pouvoir courir assez vite pour leur échapper, tellement j'étais harassée.

Alors je suis repartie en longeant la voie, pour trouver une autre gare. J'avais un repère, la direction des trains, ils venaient de l'est et allaient vers l'ouest, enfin.

Je ne savais pas comment était fait le dessous d'un train. J'imaginais qu'il y avait un trou, une trappe, quelque chose qui permettait de se cacher à l'intérieur. La gare suivante, bien longtemps après, n'était pas aussi fréquentée, elle était petite, il n'y avait que quelques paysans, et pas de soldats.

Lorsque j'ai couru me cacher derrière le dernier wagon d'un train qui me convenait, que je me suis glissée en dessous, je n'ai vu qu'une longue planche, étroite, suspendue sous le châssis. Juste de quoi s'allonger sur le ventre, et se tenir des deux mains aux montants du châssis. Je n'ai même pas eu le temps de réfléchir au danger, le train repartait. Je me suis agrippée en vitesse, et l'enfer a défilé sous mes yeux. Je prenais des cailloux dans la figure, j'avais peur pour mes yeux, j'ai donc fait ce trajet en aveugle, le corps crispé, les mains sciées par les montants de fer.

Ce n'était pas un train rapide comme ceux d'aujourd'hui, la locomotive faisait un bruit terrible et crachait une fumée noire, il y avait des côtes et des descentes, et lorsque je sentais la vitesse augmenter dans les descentes, je serrais les dents de peur. Je ne devais pas lâcher, si je lâchais c'était fini, ces énormes roues métalliques allaient me broyer. J'étais tellement fatiguée depuis que j'avais quitté l'Ukraine que l'effort était surhumain.

J'avais une peur atroce, mes mains étaient incrustées, j'ai dû les décoller pour me dégager lorsque le train s'est arrêté. Heureusement, je n'ai rien vu du sol qui défilait sous moi, sauf au départ et à l'arrivée. Mais je l'imaginais... Et j'ai senti que le train passait sous un tunnel, le bruit était encore plus épouvantable, tout à coup j'ai risqué un œil, tout était noir.

Le train a roulé longtemps, mais ce genre d'exercice demande tellement d'efforts que j'ai pu trouver le temps plus long. J'aurais tendance à estimer cette partie du voyage à deux heures environ, et pas mal de kilomètres.

Il s'est arrêté une fois, j'ai pu cracher la poussière et me frotter le nez, les yeux me piquaient affreusement. Mais je ne suis pas descendue, j'entendais trop de bruits, des voix, je voyais passer des bottes, alors j'ai décidé de continuer. Je n'étais pas morte écrasée, ce train faisait de la route à ma place, pour une fois j'avais mal aux mains, pas aux pieds.

Et il est reparti, et j'ai serré les dents, les mains, je ne sais combien de temps, jusqu'à ce qu'enfin il s'arrête à la gare suivante. Cette fois, je n'en pouvais plus. Je me suis laissée glisser entre les rails, j'étais sous le dernier wagon, je risquais moins d'être vue. Je suis sortie de cette gare à demi aveuglée et en courant. Il me fallait de l'eau. Je me suis retrouvée dans une sorte de marécage, j'ai déniché une mare pour y plonger la tête. J'ai frotté avec des feuilles, mes mains et mon visage étaient noirs comme du charbon.

Ce mode de transport était trop risqué, trop épuisant. Mes mains tremblaient, et j'avais le vertige. J'ai repris la route le long d'une autre voie, résignée à marcher. Le lendemain, j'ai eu la chance de découvrir une locomotive et trois ou quatre petits wagons arrêtés en pleine campagne. Le dernier wagon était sans toit et tapissé de paille. Je me suis dit que j'allais m'installer là-dedans et dormir, peu importe où allait ce train et quand il partirait, j'étais épuisée.

Au bout d'un moment j'ai entendu des voix, mais j'étais bien cachée, enfouie sous la paille, alors je n'ai pas bougé, et finalement le petit train a démarré tranquillement. J'ai passé le nez au-dessus de la paille, et j'ai vu défiler des paysages de verdure, des champs. C'était reposant, il faisait bon – si je n'avais eu si faim. La locomotive a ralenti à l'approche d'une autre gare de campagne, et j'ai dû me cacher de nouveau.

Il y a eu encore des voix lointaines, les beuglements du bétail que l'on faisait descendre. Des cris plus proches dans une langue bizarre, le piétinement des bêtes, et puis un coup de sifflet dans le silence revenu, et le train est reparti. J'ai voyagé ainsi presque toute une journée.

Je le remerciais, ce train, de me laisser au repos, d'avoir pitié de mon dos, de mes pieds, s'il avait pu m'offrir un morceau de viande... Au dernier arrêt, des bêtes sont encore descendues, mais le train n'est pas reparti. J'ai attendu que les voix se taisent et j'ai sauté dehors en vitesse. Si des hommes venaient débarquer cette paille, j'étais prise.

J'ai trouvé de quoi manger sur des arbres – des pommes et même du raisin. J'entrais la nuit dans les villages pour boire à une fontaine, dormir dans une grange, sous des charrettes. Et j'ai marché de nouveau inlassablement, pour me retrouver une fois encore dans des montagnes. Ma musette contenait une réserve de viande inattendue, que j'avais découverte pendue dans une grange remplie de bouteilles. J'avais pris cette chose pour un gigot, parce qu'il y avait un os au milieu. La chair était épaisse, sombre, mais délicieuse, j'avais beaucoup manqué de viande mais j'en avais maintenant pour longtemps. Heureusement, car ce paysage minéral, un désert de roches, était désespérant, je croyais en avoir fini avec les ravins, j'avais trop peur du vide si la roche était nue et sans arbres, il me fallait au moins un buisson pour me rassurer.

Monter, descendre, grimper, crapahuter dans des dédales de pierres... j'ai tout fait jusqu'à en avoir les mains et les jambes en sang. J'avais à manger, mais pas d'eau. Et la pluie était rare. Lorsqu'elle tombait, je m'en abreuvais de toutes les manières, la bouche ouverte, les mains tendues, mais j'en suis arrivée plusieurs fois à boire mon urine, accroupie, mes mains en forme de coquille. J'étais seule, sans compagnie animale – les bêtes savent trouver l'eau, je ne savais pas.

Je haïssais ces montagnes, j'ai cru y mourir. J'ai parfois eu envie de sauter dans ce vide, de disparaître, ne plus marcher, ne plus souffrir, ne plus crever de soif. J'avais des tentations effrayantes. Mais l'image de ma mère était toujours là pour m'en empêcher. Je l'entendais presque me dire : « Je t'attends... »

Et je reculais, non, je ne peux pas, non, je ne peux pas, il faut vivre. Tout me revenait, l'Allemand, les morts, les enfants, et je me disais : « J'ai survécu à tout ça, je dois pouvoir le dire à ma mère, lui raconter tout ce que j'ai fait pour la trouver. On va se reposer et on va continuer. » Comme si j'avais toujours un compagnon, un double de moi-même, l'animal sauvage qui refusait de crever sur place.

Le seul endroit où j'ai pu me réfugier, à grand-peine, était une sorte de grotte, qui me rappelait un peu la tanière des loups. Le ravin était à pic, j'ai dû avancer en collant mon dos à la paroi. Pour en ressortir, j'étais à quatre pattes, tellement mes jambes tremblaient. Ce vide, cette angoisse, a toujours été ma seule véritable terreur dans la nature. Je ne suis jamais parvenue à la dominer réellement. Comme ma peur de la ville et du monde autour de moi. Cette grotte m'a permis de me reposer, de manger tout mon soûl, et de dormir. J'avais de plus en plus besoin de dormir. J'étais à bout de forces. Mon périple durait depuis des années que je n'avais même pas comptées. Mon corps, lui, le savait, et cette dernière épreuve a bien failli en voir la fin. Il m'arrivait de dormir dans des arbres, tellement j'avais peur de ce territoire d'enfer. Un matin, j'ai vu un ours. Il ne m'a pas sentie, le vent ne devait pas lui porter mon odeur, mais qu'aurais-je fait s'il m'avait attaquée ? J'aurais certainement utilisé la même méthode qu'avec les loups, se coucher par terre et ne plus bouger. Là, tout dépendait de sa faim. On m'a dit plus tard qu'il m'aurait reniflée, retournée à coups de patte, et que, si j'avais réussi à faire la morte, il se serait désintéressé de moi. Possible, je n'en ai pas fait l'expérience.

Combien de jours, de nuits... avant d'arriver à l'aplomb d'un curieux paysage. La mer.

Un petit village en dessous de moi, minuscule. Je suis au bout de l'enfer, et pourtant le peu d'efforts qu'il reste à accomplir me semble au-dessus de mes forces. Je ne vois plus clair, ma tête est bizarre, tellement j'ai faim sans avoir faim. Soif surtout. J'ai bu dans une toute petite flaque, un peu verte, j'ignore si c'était de l'eau. Lorsque je me suis retrouvée en bas, à quelques centaines de mètres du village, j'avais le tournis, je me suis assise par terre, incapable de bouger. Il fallait absolument que je mange quelque chose. Je me suis traînée sur la petite plage, j'ai ramassé des coquilles, et mâché ce qu'elles contenaient après les avoir cassées avec une pierre. J'ai trouvé mieux en me rapprochant du village, un hangar avec des caisses de coquillages plus gros. Plus difficiles à ouvrir, même au couteau, mais c'était rafraîchissant et nourrissant, alors j'ai dormi là un moment. Puis je suis allée m'asseoir à l'entrée du village. C'était un port de pêcheurs accroché aux rochers, la montagne était derrière moi et, devant moi, la mer.

J'étais si épuisée, presque inconsciente par moments, que je n'avais plus envie de rien. Ni de me cacher ni de chercher à chaparder, encore moins de demander de l'aide. Je pense que j'étais malade de dénutrition, de déshydratation, et à quelques jours près j'en serais peut-être morte. J'étais découragée, aussi, devant cette eau. Une mer, mais laquelle ? Sur la carte de grand-père, il y avait des mers. Il y en avait en Belgique, mais ce n'était pas la même. Il fallait faire quelque chose, je ne savais pas quoi et je n'en avais plus le courage. La tête lourde, de la fièvre, la vue qui se trouble, je voyais des ombres au loin sur le quai, et ça m'était égal.

Devant cette immensité d'eau, je ne pouvais plus avancer. Je n'arrivais à penser qu'à cela. « Je ne peux plus avancer. » C'était même un soulagement. Je faisais tellement d'efforts pour garder les yeux ouverts, mon corps était si étrange, je ne le sentais plus.

J'avais déjà eu très faim, j'étais capable de rester deux ou trois jours sans manger, mais à ce point-là, jamais. Je n'avais plus que la peau sur les os, et le cerveau liquéfié.

Et j'ai vu arriver un bateau dans ce brouillard. Je devais être là depuis longtemps, il faisait un peu sombre. Puis des gens sur le quai. Un petit groupe, des hommes, des femmes, un ou deux enfants. Tous ces gens discutaient avec un homme descendu du bateau. Je n'étais pas très loin, une dizaine de mètres, mais j'entendais mal et cette langue m'était totalement inconnue. C'est une voix féminine qui m'a ébranlée dans ma léthargie. Comme une musique un peu plus forte que les autres. Elle venait d'une silhouette très droite, avec des cheveux blonds. Je l'ai regardée parce que je la trouvais belle. Quelques personnes du groupe ont jeté un coup d'œil sur moi, sans se préoccuper davantage de cette gamine affalée sur le quai. Peu de gens à cette époque s'inquiétaient de voir un enfant seul, déguenillé et sale. Cette femme pourtant m'a souri. Je n'ai même pas pu lui rendre ce sourire.

Et tout à coup elle est venue vers moi, a parlé, mais je n'ai rien compris. Elle s'est retournée vers l'homme du bateau, ils ont échangé quelques phrases, puis elle s'est adressée de nouveau à moi. J'ai eu le vague sentiment qu'elle essayait de trouver un langage que j'aurais pu comprendre. Finalement, sa voix musicale, qui roulait un peu dans la gorge, a dit en français :

— Qu'est-ce que tu fais là ? Tu comprends le français ?

L'accent était fort, le débit rapide. Mais elle parlait suffisamment bien.

Ça ne m'a même pas étonnée, je me fichais de ce qui m'entourait. On aurait pu m'attraper et m'emmener n'importe où, je n'aurais pas bougé un pied, ni ouvert la bouche. Elle m'a pris par la main, un peu trop énergiquement, pour me relever, et j'ai failli m'écrouler.

Elle a dit gentiment : « Ça va aller... Allez, ça va aller... »

Elle m'a fait marcher jusqu'au ponton, j'étais toujours dans une sorte de rêve éveillé. Elle a parlé avec l'homme du bateau, et lui a remis quelque chose dans un mouchoir. C'était brillant. Je n'ai rien compris, je me suis retrouvée sur le bateau avec les autres, je me souviens qu'on nous a mis à l'intérieur, que quelqu'un – elle, probablement – m'a donné à manger. Et puis j'ai sombré alors que le bateau s'en allait. Juste le temps de regarder par un hublot, un bout du port, la mer, et ensuite le trou noir. Lorsque je me suis réveillée, j'ai eu du mal à réaliser où j'étais. Les gens étaient assis sur des banquettes, cette femme près de moi. J'avais dû dormir à moitié sur ses genoux. Elle a dit en roulant les R :

— Tu parrrles français ! Je le sais ! Tu as parrrlé en dorrrmant !

C'était bizarre ce qu'elle disait là. Je ne savais pas que l'on pouvait parler en dormant. Qu'est-ce qu'elle me racontait ? Des mensonges ? J'étais de nouveau sur la défensive.

— Ça va mieux ? Tu veux manger ?

Je n'ai pas répondu. C'était trop risqué, je ne savais pas où j'étais. Pourquoi m'avait-on fait monter dans ce bateau ? Et depuis quand étais-je là ?

La femme parlait seule, me donnait à manger, sans paraître perturbée par mon mutisme. Autour de nous, les autres discutaient aussi, mangeaient, buvaient. Au bout d'un petit temps de réflexion, je me suis décidée à lui faire confiance. On me donnait à manger, je mangeais, c'était le principal. Ces gens avaient des valises, ils n'avaient pas l'air méchants. Des voyageurs.

Je ne pouvais pas, à l'époque, imaginer que j'étais au fond d'un bateau clandestin, au milieu de gens qui fuyaient la Roumanie, la Serbie, la Croatie, ou même la Hongrie et avaient donné beaucoup d'argent pour gagner l'Italie... Ce capitaine était un passeur qui devait bien gagner sa vie en ces temps de fureur. Le mouchoir de la dame était plein de bijoux, les gens payaient avec ce qu'ils possédaient, on les débarquait quelque part sur une côte, et chacun sa vie.

Pourquoi cette femme s'était-elle encombrée de moi ? Pour avoir l'air d'une mère de famille ? Pour être prioritaire ? J'ai cru comprendre qu'elle avait un enfant et qu'elle avait dû fuir sans lui. Elle voulait même que je reste avec elle.

J'ai refusé. Le passeur nous avait débarqués dans une région de marais, les gens pataugeaient avec leurs valises ; leur chemin, son chemin à elle n'était pas le mien. Et j'avais entendu prononcer le mot magique : « Italia. » La botte sur la carte de grand-père, qu'il commentait ainsi : « Les Italiens qui courent comme des lapins. » Je sais depuis longtemps comment il fallait comprendre ce « courir comme des lapins ». À l'époque, j'imaginais que les Italiens couraient tout le temps, mais après quoi...

Suivre cette femme n'avait pas de sens pour moi. J'étais sur la botte, je n'avais plus qu'à monter, monter, suivre le nord et retrouver ma mère.

L'endroit était boueux, chaque pas m'enfonçait dans la vase et j'ai fini par marcher pieds nus jusqu'au moment où le sol est redevenu plus ferme, puis rocailleux.

Mon mari s'est pris un jour de passion pour la reconstitution de ma route. J'étais partie d'un petit port sur la côte yougoslave, probablement proche de Dubrovnik (Raguse), et le marais où j'ai pataugé ensuite était assez vaste pour se situer à hauteur de Comacchio dans la province de Ferrare.

Tous ces traits que mon mari dessinait sur une carte d'Europe me paraissaient vides de sens. Un trait n'est pas une montagne aride ni un marais envahi de moustiques. Je me demandais si les images cruelles que je gardais en tête pourraient un jour se matérialiser autrement que dans ma mémoire douloureuse. J'ai encore tant de mal à les exprimer.

10

UNE AUTRE MEUTE

Les odeurs m'ont toujours guidée. Je pense avoir développé ce sens dont beaucoup d'humains ne se servent pas. Enfant, j'ai simplifié les odeurs de chaque pays traversé, l'Allemagne empestait la haine, la Pologne la mort, l'Ukraine avait le parfum des loups, il me reste de la Yougoslavie une odeur de pierre sèche. En Italie, l'odeur de la boue et de la pluie était omniprésente. Très vite, à la sortie des marais, je me suis retrouvée sur une route, et une autre route ; la marche était simple, presque reposante. Et la nourriture facilement accessible, comparé à ce que j'avais vécu ces dernières années. Pendant quelque temps des voitures allemandes ont sillonné les routes. Certains villages montraient des traces de bombardement. Mais je n'avais jamais vu autant d'enfants, et je me cachais de moins en moins, car tous ces gamins ne semblaient pas craindre d'être attrapés. Je me sentais moins visible grâce à eux, ils étaient pauvres, mal vêtus, chapardeurs, et je me suis enhardie au fil des jours. Je ne craignais plus de tremper mes pieds dans une fontaine ni de me nourrir dans les jardins. Il me suffisait d'attendre patiemment qu'une femme ait étendu son linge pour me procurer un pantalon, ou une chemise. Je pouvais ainsi ressembler à tous ces gosses mendiant avec aplomb, ce que j'évitais de faire par crainte du contact avec les humains. Dès que quelqu'un m'approchait, mon réflexe était de détaler. J'avais récupéré des forces assez vite, ma musette manquait rarement de provisions, essentiellement des fruits et des légumes, du fromage aussi.

C'était une nouvelle abondance. La botte racontée par grand-père prenait une nouvelle forme dans mon esprit. Ici, on était pauvre, mais les étables étaient accueillantes, les vergers goûteux, la rapine aisée. Et le transport aussi, des gosses grimpaient à l'arrière de carrioles tirées par un cheval sans que le propriétaire s'en offusque. Je m'y suis risquée sur de petits parcours.

Et soudain, dans un village, des uniformes inconnus. Des soldats qui rient, parlent avec les gens, distribuent des bonbons ! Les Américains ! Les enfants crient, joyeux, se précipitent sur eux sans vergogne et les harcèlent. C'est donc ça, un Américain ? Un distributeur de bonbons ? Un soldat souriant ? Grand-père disait que les Américains ne faisaient rien pour nous aider à chasser les Allemands, et ils sont là !

Les soldats étaient sous un hangar, ils distribuaient aux femmes et aux enfants des paquets, des boîtes, des cigarettes, et surtout des tablettes de chocolat, dont la saveur oubliée me revenait violemment dans la bouche.

Lorsque j'ai vu une barre de chocolat dans la main d'un enfant, j'ai laissé tomber ma méfiance, et tendu la main moi aussi.

Ce chocolat ! Je n'en avais pas mangé souvent en Belgique, mais je trouvais au chocolat quelque chose de magnifique. Celui-là m'a étourdie de bonheur. Je suis encore aujourd'hui une fanatique du chocolat, capable de dévorer une tablette en une minute. Je me suis retrouvée sans l'avoir voulu sur les genoux d'un soldat, un grand bonhomme hilare qui ouvrait une boîte contenant de la viande bizarre. Et il criait à la ronde un mot que j'ai gardé en mémoire, phonétiquement : « Monkemitte ». Il voulait absolument m'en faire avaler. C'était mou, sans beaucoup de goût de viande, mais mon estomac l'a apprécié. *Monkey meat*... quand on m'a expliqué plus tard que la viande de singe était du bœuf en boîte, ça m'a fait tout drôle. Je me suis revue assise sur les genoux de ce G.I. immense, avalant à la fois du chocolat, de la viande, des bonbons et des gâteaux secs, sans aucun discernement, comme les autres gosses, et il riait tant cet homme de nous nourrir de la sorte, il avait l'air tellement heureux.

Les Allemands n'étaient plus là, je pouvais marcher sans crainte, traverser ce pays dévasté par endroits, mais libre, et le goût de la liberté sans Allemands garde pour moi celui du chocolat et du Monkemitte. Le reste de ma route en Italie n'a pas été semé de chocolat évidemment. J'ai repris ma technique de chapardage, cette fois sur les marchés, où les victuailles étaient pourtant rares. Puis je me suis résignée à mendier comme les autres enfants. J'avais cru à l'abondance au début, mais plus j'avançais vers le nord, plus les gens me semblaient affamés, et les étalages bien maigres. Les marchands se méfiaient des gamins. J'avais envie de pain, il était introuvable. De viande, je n'en voyais nulle part.

J'ai déniché des sandales à ma taille une fois. Elles ne tenaient pas suffisamment à mes pieds pour que je puisse courir, et je devais courir après chaque tentative de vol, réussie ou non.

Lorsque j'ai entendu parler français, j'en suis restée toute bête. Un paysan et sa carriole venaient de me doubler sur une petite route de montagne.

— Où tu vas, petite ? Hé, petite ?

Je n'avais pas parlé depuis des années, sauf à moi-même, aux animaux et aux arbres, parfois au ciel ou à la mort. J'étais muette en somme. Pour répondre à cet homme, j'ai dû formuler d'abord une suite de mots dans ma tête. Il a dû croire que je bégayais, ou qu'il avait affaire à une simplette :

— Je vais... voir mes parents.

— Et ils sont où tes parents ?

— Au nord.

— Allez, grimpe !

Bizarrement, je n'avais aucune difficulté pour comprendre, mais en retour, les mots se bloquaient. Il me fallait chaque fois du temps pour répondre, et il n'était pas question de faire de grandes phrases. Je ne m'en suis pas inquiétée, parler n'était plus mon fort, tout simplement. Ça ne m'empêchait pas de penser, de calculer mes chances d'avancer plus vite. Je ne me rendais pas compte de ce que j'étais devenue en presque quatre années d'errance. Une enfant sauvage, maigre, au visage et au corps marqués de cicatrices. Je ne pensais pas faire peur aux gens. J'avais le sentiment d'avoir grandi.

Mes cheveux taillés au couteau étaient invisibles sous mon bonnet. La dernière veste volée était trop longue, le pantalon de garçon effiloché était sale, mais j'avais vu en Italie des gosses plus dépenaillés que moi. Ce brave homme m'a fait faire un bout de chemin dans sa charrette. Il y avait beaucoup de fermes et de champs, je voyais loin sur ce chemin de terre, des vallons, des bosquets d'arbres. Il m'est arrivé une autre fois de profiter d'une charrette, et de recevoir un quignon de pain à l'arrivée devant une ferme.

Mais mon langage était trop limité. Quand les gens me demandaient où j'allais, ce que je faisais si tard sur la route, j'avais du mal à répondre et peur de donner une explication. Je me refermais de nouveau. Je faisais un signe pour dire au revoir, sans plus, je ne demandais même pas où je me trouvais, j'en avais perdu l'habitude. Je marchais, je pensais à ma mère, j'avais hâte de me retrouver en terrain connu, et de la chercher, là-bas, en Belgique. Pour moi, c'était très simple, papa et maman devaient être de retour de l'est, comme moi. J'avais vu les Américains, je croyais que la guerre était finie. Ce n'était pas encore le cas.

Je me souviens d'une route en particulier, où j'ai commis une erreur d'orientation. Il y avait un croisement, et au lieu de continuer à gauche, j'ai pris le chemin de droite, croyant qu'il allait dans ma direction. Et je suis arrivée devant une grande porte que j'ai prise pour celle d'un château. En réalité, c'était un couvent. La route s'arrêtait là.

Il y avait de la brume, je marchais depuis très longtemps et je ne voulais pas repartir en arrière. J'étais furieuse d'avoir perdu mon temps, je voulais avancer vite, et voilà que j'étais bloquée. J'ai décidé de frapper. Une religieuse m'a ouvert.

— J'ai faim.

— Entre.

J'ai traversé de grandes pièces avec de hauts plafonds, des arceaux aux murs. Une salle de réfectoire au fond d'un long couloir.

— Qu'est-ce que tu fais, si tard, sur la route ?

— Je vais voir mes parents, je me suis perdue, alors j'ai faim.

— Mets-toi là, je vais t'apporter à manger.

Elle est revenue avec un bol de lait chaud, une tranche de pain, un peu de légumes.

Je n'étais pas la seule à être hébergée. Il y avait un groupe d'hommes, jeunes, qui mangeaient aussi, des matelas par terre. Ce lieu devait être un gîte d'étape. C'est en écoutant parler ces jeunes gens que j'ai appris que la guerre n'était pas terminée dans le nord. Leur discours était cependant plein d'espoir. Le lendemain, après une bonne nuit, j'ai traîné un peu autour des sœurs, jusqu'à ce qu'on me donne encore à manger. La guerre n'était pas finie, je devais prendre des réserves.

Plus tard, lorsque j'ai eu l'occasion de retourner en France à l'âge adulte, il m'a semblé que le paysage des environs de Grenoble était semblable à mon souvenir de ce couvent. Les routes me disaient quelque chose. J'avais une impression de déjà-vu, un décor connu. Mais je n'ai jamais pu retrouver ce couvent au bout d'un chemin de montagne, qui m'avait été charitable.

J'aurais dû rebrousser chemin, sachant maintenant que les « Boches » étaient encore là, avec leurs fusils, leurs bottes, leur « vert-de-gris ». Les Américains ne les avaient pas tous chassés. Mais que faire sinon continuer d'avancer vers la Belgique et retrouver grand-père ? Il saurait, lui, où était ma mère. Il avait sûrement des nouvelles.

J'avais grandi, certes, mais je me sentais toujours dans le même état d'esprit qu'en partant. Aussi obstinée à la poursuite de mon idée fixe : maman. J'avais toujours sept ans d'âge mental, et la même crainte de me faire rattraper par la Virago. Jamais, plus jamais je ne voulais voir cette femme. Je pensais à elle dans la forêt qui me ramenait vers grand-père. Je lui parlais :

— Tu vois ce qu'elle a fait, la béotienne ?... Ça, tu ne serais pas capable ! Mais moi je l'ai fait, je suis partie, et je rentre, mais pas chez toi.

Des bribes de rancœur me revenaient. Le jour où elle avait fait tuer le vieux chat de son mari. Un vieux chat malade, pelé, qui ne demandait qu'à finir ses jours sur un fauteuil. Et ce qu'elle m'avait dit : « Ta mère ? Elle est où, ta mère, maintenant ? » « Si les Allemands gagnent on la leur donnera »...

Je n'avais ni oublié ni pardonné.

De la traversée de la France me reste le souvenir d'un sentiment de répit, de soulagement. Retrouver ma langue natale, ces paysages familiers... je revivais, j'avais l'impression de rentrer à la maison.

Un jour, enfin, je me suis retrouvée en Belgique sur un chemin où j'ai entendu crier : « C'est toi ? » et quelqu'un répondre : « Oué »...

Ce « Oué », c'était la Belgique. J'y étais.

Devant le panneau indicateur sur la route de Bruxelles, j'ai doublé le pas. J'étais fière, impatiente de m'engouffrer dans les bras de Marthe et de grand-père. J'ai tourné le dos à l'église près de la maison de la Virago, j'ai filé sur le chemin de la ferme. Et je me suis arrêtée, désorientée. Je cherchais la barrière et les moutons, il n'y avait plus que la barrière. J'aurais dû apercevoir les arbres, le toit de la ferme, rien. Je suis retournée sur mes pas, j'ai vérifié mes souvenirs d'enfant, ils s'arrêtaient à cette barrière. J'ai tourné en rond, il n'y avait plus de ferme du tout. Je ne pouvais pas m'être trompée. Je connaissais ce chemin par cœur.

J'en ai pleuré de désespoir. Quelle décision prendre à présent ? Où aller ? La Virago savait peut-être où était grand-père, mais je n'allais pas me risquer chez elle. Elle aurait pu m'enfermer. Grand-père avait disparu, il était mort peut-être. La ferme avait-elle été bombardée par ces maudits avions ? Je ne voyais pas de ruines. Du vide, seulement du vide, un terrain vague, plus de poules, de moutons, de chiens, ni de balançoire.

J'ai repris le chemin en sens inverse, longé le canal, pour m'éloigner le plus possible du quartier. J'ai traîné sur une place en cherchant quelque chose à manger, et je me suis mise en quête d'un territoire pour la nuit. J'ai découvert d'abord une grande étendue vallonnée, boisée, avec un lac. J'ai grimpé de petits escaliers en bois, jusqu'à un autre chemin, et tout en haut j'avais une vision parfaite du quartier. J'étais protégée, je pouvais me cacher dans les arbres, et organiser mon existence tristement. J'ai repéré le jour de marché, et chapardé ce dont j'avais besoin. Des pommes de terre, une couverture, j'étais seule et misérable.

— Hé, qu'est-ce que t'as pris ? J' t'ai vue !

— Va-t'en !

— C'est pas malin de faire ça toute seule. Nous, on a une maison, et on partage.

Ce garçon était rond, bouclé, blond, moins en guenilles que moi. Il avait prononcé le mot maison d'un air important. J'ai dû le regarder avec envie, il a ajouté :

— Je m'appelle Sigui ! Tu veux la voir, la maison ?

Je n'avais pas peur de le suivre. J'avais toujours ma main dans ma musette posée sur mon couteau. Le dernier, trouvé dans les bois bien avant Bruxelles, avait un manche de bois gravé, je l'aimais beaucoup. J'avais aussi une pointe de baïonnette russe, je me sentais bien armée. Et surtout je traînais misère, seule depuis des semaines ou des mois. Je voyais les gens rentrer chez eux, des enfants avec des parents, je restais plantée parfois devant une porte, j'essayais de me souvenir où était la maison, et l'appartement de mes parents. Une fois, j'avais fait presque tout le tour de Bruxelles, pour retrouver ce tramway. Mais la ligne était longue, et ma boussole ne me servait à rien dans les rues. Personne ne m'avait dit si j'étais venue du nord ou du sud. Je ne connaissais que cette partie excentrée de la ville, proche du pont démoli et de la ferme de grand-père. Je m'en étais éloignée suffisamment pour ne pas tomber sur la Virago, et j'y restais parce que j'y avais des repères. L'église, la place du marché, le canal. Je marchais presque toute la journée pour assurer ma subsistance, la nuit je disparaissais dans le parc.

La « maison » de Sigui et sa bande était plus loin,

sur ce que l'on appelait à l'époque le « plateau », au-dessus du parc. Sur le chemin, il m'a raconté qu'il faisait partie d'une bande, qu'ils se débrouillaient très bien ensemble en maraudant sur le marché et aux devantures des magasins. Ils se partageaient ensuite le butin. C'était plus malin et plus efficace d'après lui.

— On a tout ce qu'il faut, on a chaud et on est bien, tu dois pas t'en faire. Plus on est nombreux, mieux on se débrouille.

Je ne parlais pas. Ce brusque contact avec un adolescent, plus âgé que moi, était intimidant. Il était désinvolte, très à l'aise, habitué à la ville, il ne pouvait pas savoir que je sortais à peine de l'immense chaos de mon enfance. Il m'avait repérée facilement, et prise pour une fugueuse inexpérimentée en me voyant faucher une malheureuse patate à l'étalage.

C'était une maison abandonnée depuis longtemps. Ils l'appelaient « la maison des araignées ». Vue de l'extérieur, elle était blanche, carrée, avec une terrasse où ils s'installaient au soleil. On y entrait par une fenêtre, l'intérieur était entièrement vide. Ils avaient disposé des couvertures par terre dans une grande pièce du rez-de-chaussée, les volets étaient fermés, et les araignées étaient partout, accrochées aux fenêtres, au coin des portes, au plafond.

Il m'a montré leurs chapardages, des bouteilles d'eau, de lait en verre, et des provisions de toutes sortes. Pour s'éclairer, ils mettaient des bougies dans les cheminées vides. Pour se laver, il fallait aller dans le lac du parc, ou chez un paysan voisin qui avait une pompe.

— Les filles, elles vont chez ce type, tu fais comme tu veux.

Je n'ai pas vu les « filles » le premier jour, il m'a présentée aux autres. Il y avait « le Canadien », « Mouton » et « Gorille ». Le Canadien, le plus âgé, un peu truand, vêtu d'un blouson, l'air de n'avoir peur de rien. Mouton au visage si triste, pâle, maigre, des cheveux bouclés noirs et bien trop longs, avec de grands cils. Le Gorille était petit, trapu, il devait avoir au moins dix-huit ans. J'étais impressionnée par les grands, Mouton m'attirait davantage. Surtout lorsque le Canadien m'a dit :

— Tu sais, il est bizarre, faut pas faire attention, il a vu ses parents tués devant lui.

Mouton ne chassait pas dehors. Le Canadien, qui n'était pas né au Canada mais en Belgique, le protégeait beaucoup. Sigui était incontestablement le plus malin. Des yeux clairs, un large sourire un peu moqueur, il organisait les rapines selon les besoins de la bande. Il y avait deux filles que j'ai vues arriver un peu plus tard. Margot, une belle fille brune, dotée d'une poitrine impressionnante et d'une voix pointue, qui se « débrouillait », selon Sigui, à sa manière :

— Elle, elle se sert chez le paysan du coin, elle a des arguments !

Elle avait dix-sept, dix-huit ans, et n'aimait pas que les garçons la taquinent, ce qu'ils faisaient souvent à propos de ses « coussins ». Le Gorille disait : « Y a pas moyen de dormir sur tes coussins ? »

L'autre fille, Denise, était brune aux cheveux courts, maigre, avec un petit visage comique et deux dents de lapin. Elle n'avait pas sa langue dans sa poche, et les garçons ne l'embêtaient pas.

Je me demande de quoi j'avais l'air, au milieu de ce petit gang d'affranchis, habiles au vol à l'étalage, débrouillards. Je ne leur ressemblais pas. Mais je me suis mise à parler un peu.

D'abord par dire mon nom, Mishke. Ils n'ont pas posé de questions, et moi non plus. À part le malheur de Mouton, je n'ai jamais su d'où ils venaient, s'ils avaient de la famille quelque part. Nos conversations portaient sur la nourriture, les vêtements, le nécessaire qu'il fallait se procurer pour vivre. Comme j'étais la plus petite, on ne me chargeait pas de mission précise.

Le Canadien, Sigui et le Gorille allaient « chasser ». Mais avant de partir ils se mettaient d'accord.

— Moi, j'ai vu des vestes et des bonnets.

— Moi, j'ai vu une échoppe, il y a du fromage...

Ils repéraient d'abord tout ce qui était facile à prendre. Ensuite, on faisait le point sur les besoins. C'était toute une technique. L'un d'eux allait demander un renseignement. Pendant que le marchand était occupé à expliquer, l'autre chapardait. Ou bien on se mettait à deux ou trois quand c'était difficile. Une rue trop grande, pas assez de foule pour se faufiler par exemple. Chacun avait son rôle, puis on ramenait ce qu'on avait trouvé et on partageait. Des vestes, on en avait besoin, des couvertures aussi. Et ce n'était pas facile à chiper. Je recevais du fromage, des pommes, du pain, parfois de la margarine, du saindoux que j'adorais et du lard. Ils m'ont ramené des petites vestes à plusieurs reprises, souvent trop courtes, ou trop longues. J'ai eu un châle. Les chaussures, c'était plus difficile. J'ai gardé très longtemps des galoches en espèce de caoutchouc. Elles étaient pratiquement à ma taille, et montaient au-dessus de la cheville. Cet hiver-là, j'ai mis, je crois, ma première paire de chaussettes. Je n'aimais pas les chaussettes, mais les galoches n'étaient pas chaudes, et les chaussettes très faciles à chaparder. Il y en a eu pour tout le monde. Souvent, je restais dormir pendant qu'ils allaient faire leurs coups. J'étais bien heureuse de ne plus courir les routes, et l'essentiel pour moi était de manger à ma faim. J'avais toujours faim, et j'aurais faim toute ma vie.

C'est avec Mouton que j'ai eu le plus de contacts. On se tenait par la main. Il parlait rarement. De mon côté, j'avais peu de vocabulaire à ma disposition, je ne m'exprimais pas bien, avec des expressions de petite fille, beaucoup de mots m'échappaient. Et j'ignorais le véritable sens de certains. Je n'avais pas évolué. J'avais l'impression de savoir parler mais qu'on avait mis un couvercle sur ce savoir, et que rien ne sortait. Je voulais, je savais ce que je voulais dire, mais je ne savais pas l'exprimer. Les mots ne venaient pas, tout simplement. Les silences de Mouton m'étaient d'un grand réconfort, car avec lui, je pouvais au moins essayer sans que les autres se moquent de moi.

Lorsqu'on m'a remise à l'école, plus tard, mes difficultés étaient criantes, j'avais totalement perdu le contact avec la société, ses modes d'expression, sans parler des comportements « normaux ». Il y avait tant de choses que j'aurais pu et voulu dire et que je n'ai pas su.

J'aurais voulu dire à Mouton :

— Tu sais, moi aussi, j'ai souffert. J'ai couru sur la terre, et je n'ai pas retrouvé mes parents. Il faut continuer à vivre, on va se soutenir, on est ensemble, il ne faut pas perdre courage, il faut aller de l'avant.

J'aurais voulu raconter au moins des bribes de mon enfance, pour nous consoler tous les deux. Je ne savais pas qui était juif ou non, dans la bande. Entre nous, ce n'était pas un problème, nous vivions hors du monde, à la lisière des autres, comme j'avais vécu à la lisière des forêts avec mes loups. Certains allaient chasser, tout le monde en profitait et c'était bien. Je ne posais pas de questions à Mouton, il avait l'air trop malade et toussait très fort, et nous n'avions rien pour le soulager. Il avait souvent de la fièvre. Le Canadien l'enveloppait dans une couverture.

Margot allait à la ferme, chez son paysan, demander une tasse de lait avec du miel pour le réconforter. Mais ce pauvre remède ne donnait pas grand-chose. Je pense qu'il devait être tuberculeux.

Le Canadien ne voulait pas qu'il aille chasser dehors, comme les filles il était exclu des plans d'attaque. Par moments, je trouvais cette exclusion confortable, et à d'autres elle me révoltait. Je me savais physiquement capable d'accomplir mes propres exploits, mais ce n'était pas moi qui élaborais les plans pour repérer les cibles, alors que j'aurais pu utiliser mes capacités d'observation, mon sens de la stratégie. Mon rôle, c'était le petit chapardage parce que j'étais petite. Je râlais silencieusement, j'aurais voulu leur dire comment faire mais je ne savais pas l'exprimer. Alors je chapardais toujours la même chose : de la nourriture, une boîte de saindoux, parfois je ne savais même pas ce que je prenais, je rapportais n'importe quoi, qui faisait toujours plaisir à quelqu'un. La première fois, j'avais trempé mes doigts dans la boîte de saindoux, pour goûter. J'avais l'habitude de manger seule. Les autres m'ont fait comprendre la règle de communauté : on ramène et on partage.

Sigui était le plus beau garçon de la bande, il flirtait un peu avec Denise. Ils dansaient au son d'un vieux phono que l'on remontait à la main, et qui grinçait épouvantablement. Moi, je les regardais s'embrasser. Je trouvais ça drôle. Je n'étais pas encore une fille, je le suis devenue bien longtemps après. Mon corps s'était adapté à mes conditions de vie. Il était rude, abîmé, et garçonnier. Je savais que je n'étais pas jolie, la comparaison avec les autres était facile. Je n'avais quasiment pas de poitrine, j'étais maigre, et je ne comprenais pas encore ce genre de relation, entre fille et garçon. Je trouvais donc très étrange de voir les autres s'embrasser. Un jeu inconnu.

Je me sentais bien avec les autres, mais ils étaient humains, et j'étais toujours sur mes gardes. Ce qui m'avait bien servi pendant mes années d'errance devait continuer à me servir. Mon instinct animal de survie. J'aimais comparer les couteaux. Chaque fois que je pouvais en prendre un quelque part, j'étais contente. Je ne savais pas vivre sans un couteau, sans mordre, et sans gratter ma peau comme une carapace gênante.

Félix le Gorille a voulu un jour sauter sur moi ; il avait ses raisons que je devinais, mais il a vite compris qu'il ne fallait pas s'y frotter. Il n'a réussi qu'à ramasser de bons coups. Il m'a flanquée par terre pour arriver à ses fins et carrément attrapé mon pantalon. Il était très fort, mais moi aussi. Si je ne m'étais pas battue, je crois qu'il m'aurait violée. Je l'ai mordu, griffé, tabassé, il saignait du nez ! Il ne devait pas s'attendre à autant de résistance de la part d'une gamine aussi maigre.

Je tremblais de tous mes membres ensuite, je ne sais pas si c'était la peur, le souvenir d'autre chose, l'excitation de la bagarre, mais je me suis mise dans un coin, pour récupérer. Ensuite, dès que je le voyais approcher à moins d'un mètre, je me raidissais, je reculais instinctivement. Sigui s'en est aperçu, il a compris et réglé le problème avec diplomatie :

— Laisse la petite tranquille, va chercher ailleurs. On est une bande. Je ne veux pas de problèmes avec elle.

Margot avait envie d'aménager le coin et de le rendre joli, elle avait ramené une plante toute droite, avec quelques feuilles au sommet, et Denise se moquait de sa plante qu'elle trouvait minable. Elle se moquait aussi des plans que faisait l'autre pour s'incruster chez le paysan. Chaque fois qu'elle la regardait filer là-bas, avec sa poitrine qui se balançait dans son corsage, Denise ricanait en chœur avec les autres :

— Tu te maries quand ?

— Riez, riez, mais vous bouffez aussi grâce à lui !

Tout le monde le savait. Le paysan améliorait l'ordinaire de la « maison des araignées ».

C'était une bonne vie, finalement. Parfois, on se chauffait au soleil sur la terrasse, d'où l'on avait une vue magnifique sur le parc, de vrais bourgeois milliardaires ! Mais je préférais jouer au couteau sur le plateau avec les garçons. On visait les arbres, et j'étais très forte. Un jour, j'ai eu la bêtise de leur montrer ma pointe de baïonnette, dont l'extrémité en triangle était particulière, faite pour provoquer des blessures qui ne se refermaient pas. Elle était plus difficile à lancer. On était tellement absorbés par le jeu, que personne n'a vu s'amener le flic. Normalement, ils ne nous disaient rien, on était là pour jouer, mais lorsqu'il a vu la baïonnette russe, ç'a été une autre histoire. Je n'avais pas envie de dire que c'était à moi, j'avais trop peur qu'il m'emmène en prison. Le Canadien, qui était le plus grand, a dit tout de suite : « C'est à moi. »

Et le flic l'a emmené avec la baïonnette russe au poste. Il en est revenu sans baïonnette. Il avait dû raconter une histoire, dire qu'on l'avait trouvée, mais je venais de perdre un bien précieux pour moi. Elle venait de si loin, cette baïonnette, d'un champ de soldats morts en Ukraine, celui où j'avais ramassé mes étoiles. Il me restait dans ma musette ma boussole, que je ne leur montrais pas, mes étoiles et mon couteau des Ardennes.

Nous faisions souvent de petites fêtes, lorsque le Gorille était allé vadrouiller ailleurs et chercher des filles. Les filles allumaient des bougies, on installait un drap par terre, et des gâteries chapardées. Quelques gâteaux secs, une bouteille de bière, ou de vin, tout ce que nous avions d'un peu spécial. Et si on ne pouvait pas partager la dernière gourmandise, on la jouait. S'il ne restait qu'une bouteille de bière, par exemple, il fallait deux gagnants. Chacun mettait la main derrière son dos, choisissait avec ses doigts un nombre de un à cinq, et le montrait aux autres. Je ne me rappelle plus dans quel ordre on gagnait. Mais j'ai bu de la bière une fois, et je n'ai pas aimé, c'était trop amer. Aujourd'hui, je l'aime beaucoup, c'est la saveur de la Belgique.

Je préférais jouer les gâteaux, le saindoux, ou les marrons chauds. Tout ce qui était sucré.

En somme, c'était comme une soirée en famille. Il n'y avait que le Gorille pour se risquer dehors la nuit. Les autres n'avaient pas envie de se montrer. Chacun avait ses raisons, mais au fond nous avions la même. Les gens ne collaient pas avec nous. Ils allaient à leurs affaires, à leur travail, à l'école, c'étaient des « bourgeois », ou des « bigots ». Leurs enfants ne nous ressemblaient pas, et cette différence nous était chère. Elle était notre liberté. Nous ne savions rien, en tout cas moi, de l'évolution de la guerre. Le Canadien peut-être, il était plus adulte, et son blouson d'aviateur lui venait bien de quelque part. Il savait ce qui était arrivé aux parents de Mouton, mais n'en parlait pas. Et il n'avait pas peur des flics. Nous oui. Lorsqu'il nous arrivait d'entreprendre une virée dans la campagne, parce qu'il faisait beau, nous faisions très attention de ne pas nous faire remarquer. Nous étions des gamins abandonnés, sans famille, aucun de nous n'avait envie de se retrouver au poste pour s'expliquer. Seul le Canadien semblait n'avoir peur de rien.

Les nouvelles de l'extérieur nous venaient des garçons, mais ils parlaient surtout des marchés, des foires à bestiaux, ou des étalages de vêtements.

Un jour, Sigui est revenu en disant qu'il se passait quelque chose en ville et qu'il fallait aller voir.

Les gens étaient effectivement en fête dans les rues, il y avait des drapeaux aux fenêtres, de plus en plus au fur et à mesure que nous avancions vers le centre du village.

Une foule de gens se dirigeaient dans une certaine direction, nous les avons suivis jusqu'à la chaussée de Mons et c'est là que j'ai vu arriver un tank libérateur pour la première fois. Des Anglais.

Sigui m'a installée sur le rebord d'une fenêtre, j'étais au-dessus de la foule et je me suis mise à pleurer. Tout le monde était heureux, les gens criaient, sautaient de joie, et je me sentais abandonnée. Triste au plus profond de moi. Où étaient mes parents ? Durant tout ce temps je les espérais, ils étaient dans une bulle, vivants, dans un coin de ma tête, et je comprenais, en ce jour d'armistice, alors que les cloches sonnaient et que toute la Belgique exultait, qu'il n'y aurait pas de joie pour moi. Je les avais perdus. S'ils m'avaient cherchée, ce ne pouvait être qu'à la ferme. Je ne voyais pas mes parents se présenter chez la Virago. Seul grand-père connaissait ma mère, il m'en avait parlé, j'avais « de jolies oreilles comme elle ». J'étais certaine que grand-père était la clé de tout. Mais la ferme n'existait plus. L'armistice était un chagrin de plus.

Mouton n'était pas avec nous. Il devait être triste lui aussi. Bien plus tard, cette année-là, des rumeurs ont filtré. Le Canadien disait : « Il y en a qui reviennent de l'est, ils sont tout maigres, c'est pas beau à voir. »

Alors je me suis mise à traîner dans les rues et à regarder les passants. Mais leur regard sur nous, gamins des rues, commençait à changer. On nous traitait de « vermine » : « Fous le camp, vermine ! »

Une fois, j'ai cru apercevoir mon père – un visage émacié, des cheveux blonds... il était si maigre et si triste, cet homme. Je l'ai dévisagé, il n'a même pas fait attention à moi.

Avant l'armistice, je ne regardais pas les gens, ils ne me concernaient pas, mais après ce jour, je n'ai pas cessé de les regarder. L'espoir était toujours là, et si mes jambes ne couraient plus à la recherche de mes parents, mes yeux les cherchaient sur tous les visages.

Mouton n'allait pas bien moralement, mais personne ne s'en rendait vraiment compte, parce qu'il était toujours triste et malade. Je l'aimais beaucoup.

Un jour, on se tenait la main, assis par terre dans la grande pièce aux araignées, et il faisait beau dehors.

— Tu n'as pas envie d'aller sur le toit ?

— Non, j'aime mieux rester ici.

— On reste ici alors.

— Tiens, tu n'as pas de chaîne autour du cou ?

Margot en avait une, une belle chaîne, reçue du paysan.

— Non, j'en ai pas.

Mouton a fouillé dans sa poche.

— Tu veux ça ?

— Oh ! C'est joli !

C'était un petit bouddha vert, au bout d'une chaîne en métal, sans aucune valeur, mais vert... et j'adorais le vert.

Je l'ai mise aussitôt, et embrassé Mouton. Je trouvais cette quincaillerie, probablement volée sur un marché, bien plus belle que la chaîne de Margot.

Mouton m'avait fait son dernier cadeau. Un après-midi de malheur, alors que je revenais du village, j'ai vu Sigui sortir en courant de la maison :

— Attends, attends. Ne rentre pas ! Il est arrivé quelque chose !

— Mais qu'est-ce qu'il y a !

— Attends, je te dis !

Il avait l'air vraiment très bouleversé. Le Canadien était derrière moi, Sigui l'a pris à l'écart pour lui parler, et il a bondi dans la maison aussitôt.

J'ai couru derrière lui, et Sigui n'a pas pu m'en empêcher.

Mouton s'était pendu à une poutre. Le Canadien pleurait à gros sanglots en le décrochant. Je me suis approchée, mise à genoux, nous pleurions tous d'incompréhension et de rage. Il était resté seul, c'était rare, et il en avait profité pour nous quitter, s'en aller rejoindre la mort. C'était tellement injuste. Tout le monde se sentait coupable, le Canadien surtout, qui l'aimait comme un petit frère et le protégeait tant. Je comprenais à présent pourquoi il s'occupait tellement de lui.

Je ne sais pas qui a décidé d'aller prévenir la police. Margot certainement. Il le fallait, elle a filé chez le paysan. Et les flics sont arrivés au bout d'un moment.

La mort de Mouton a sonné la fin de notre histoire. En quittant la bande, il l'anéantissait. Le Canadien était effondré, c'était terrible de voir ce garçon si dur et si fanfaron sangloter à ce point. Je tremblais de tout mon corps, le vide me happait. La protection que la bande m'avait donnée depuis presque une année s'évaporait d'un coup, comme si la maison partait en fumée. Tout était si chaud avant, si tendre, et c'était fini, j'en avais froid partout.

Deux voitures de police nous ont embarqués au commissariat, le Canadien ne voulait pas quitter Mouton, il refusait de partir et bataillait avec les policiers.

— Ne t'en fais pas, mon garçon, on va s'en occuper... Allez viens...

Ils étaient braves, ils essayaient de comprendre ce qui s'était passé, mais sans nous vouloir du mal. Le Canadien a réussi à monter dans la voiture avec Mouton enveloppé dans un drap. Je ne l'ai jamais revu. Arrivés au poste de police, on nous a séparés. Je me suis retrouvée devant un commissaire bon enfant, qui voulait savoir comment je m'appelais, et ce que je faisais dans cette maison.

— Mishke ? Qu'est-ce que ça veut dire, Mishke ? Tu ne connais pas le nom de tes parents ?

— Je sais pas.

— Et d'où tu viens comme ça ?

— Ben de la guerre.

— Bon... alors écoute, on va regarder à la maison communale si on a une trace, mais si tu n'as pas de parents, il va falloir trouver une solution, il faut que tu ailles à l'école, que quelqu'un s'occupe de toi ! Tu ne connais personne ?

— Non.

Alors il a dit :

— Attends, je vais t'apporter quelque chose.

C'était un brave bonhomme, il est revenu avec une tasse de chocolat et une tartine.

— Mange à ton aise, j'arrive.

Quand il est revenu, il m'a dit qu'une dame voulait bien venir me prendre, que tout le monde allait être content, que j'aurais une famille et qu'il ne fallait pas que je m'en fasse.

— Oui, mais les autres, on peut se voir ?

— Pas maintenant, plus tard, vous vous reverrez, pas maintenant. Pour l'instant, on va aller chez cette dame, tu es d'accord ?

Il m'a emmenée en voiture chez la dame en question. Bien habillée avec des hauts talons, une bourgeoise.

— Vous comprenez, lui a-t-elle dit, c'est un peu rapide, j'ai fait vite mais elle pourra dormir sur le divan, pour le reste on verra plus tard.

Sur le divan... encore une fois ! J'allais finir à l'écart des autres, comme chez la Virago.

Le brave commissaire a dû voir mon regard, mais

je ne pense pas que ce soit pour ça qu'il a renoncé si vite. La dame ne devait pas lui plaire.

— Écoutez, madame, si vous n'avez pas encore de lit, j'ai justement deux autres personnes qui veulent bien la prendre, des professeurs, donc l'éducation sera faite en même temps que l'hébergement...

— Oh, bon, si ça va comme ça, alors d'accord. Vous aurez bien l'occasion d'avoir un autre enfant à placer.

Nous sommes retournés au commissariat, le brave homme m'expliquait que j'allais être accueillie chez « deux bonnes personnes, très catholiques, qui se chargeraient de m'élever », qu'il allait les prévenir aussitôt, et que ce soir je dormirais dans un lit.

J'attendais dans son bureau, avec ma musette que je n'avais pas voulu lâcher. J'avais encore mon couteau, ma boussole, mes étoiles, et mon petit bouddha vert autour du cou. Mes uniques possessions. Et j'ai vu arriver grand-père !

Je me suis précipitée sur lui ! C'était le plus merveilleux des cadeaux, il était là, j'allais pouvoir partir avec lui, il me dirait où étaient mes parents, je ne voulais plus le lâcher !

Il avait été prévenu par des gens de la maison communale, des anciens collègues, il me cherchait depuis longtemps, et lorsqu'on lui avait dit que la police avait ramassé une bande, avec une petite fille blonde, il était venu voir. Ce n'était pas la première fois qu'il venait ici, examiner les gosses ramassés dans les rues. Il y en avait plus que l'on croit après la guerre. Il avait eu de nombreuses déceptions mais cette fois il m'avait retrouvée. Et il avait donné mon nom, celui que je détestais : Monique Valle. J'étais identifiée, il y avait trace de ma fausse naissance le 12 mai 1937 à Bruxelles. Mais le grand-père n'en disait pas plus au commissaire qu'il semblait connaître, sauf que je n'avais pas de parents.

— Où sont papa et maman ?

— Il faut que tu t'y fasses, mon coco. Ça, on ne sait pas.

— Je vais avec toi, alors ? On s'en va ?

— J'aurais bien voulu, mon coco. Mais le commissaire dit que je suis trop vieux, et qu'il a trouvé des dames très bien qui vont te soigner, et t'apprendre à aller à l'école...

— Tu viendras me voir ?

— Si c'est permis, je viendrai...

— Et Marthe ?

— Elle n'est plus là, mon petit coco. Elle a été bien malade et elle est morte.

Moi qui espérais que Marthe me tresse les cheveux, me dorlote, me lave dans la bassine et me couse de beaux vêtements. J'étais plus déçue que véritablement triste. J'avais vu tellement de morts, je ne savais pas quoi dire. Je trouvais bizarre d'imaginer grand-père sans Marthe. Et je ne comprenais pas pourquoi je ne pouvais pas vivre avec lui quand même. Il avait vieilli, il était bien fatigué. C'était toujours le même grand-père mais sans la force et la gaieté que j'avais connues.

— Alors, où est-ce que tu t'es baladée comme ça ? T'as l'air d'être bien arrangée.

— Il faut que je te raconte, grand-père ! Tu sais, j'ai beaucoup marché, très loin. J'ai été à l'est...

— Plus tard. Tu me raconteras plus tard. Mais t'es quand même un drôle d'asticot !

Plus tard, c'était toujours trop tard pour moi. J'ai détesté les « plus tard ».

J'avais encore ma boussole, je voulais lui dire tout ce que j'avais fait avec elle. Mais grand-père n'aimait pas les attendrissements, quelques années après je me suis rendu compte que son caractère était ainsi fait. Il parlait très peu de Marthe, et quand je lui ai demandé comment elle était morte :

— Elle a dû aller à l'hôpital, elle crachait du sang.

Pas de détails. Il ne s'apitoyait sur rien ni personne, pas même lui. Il refusait de remuer les souvenirs. Bien des années plus tard, lorsque nous avons enfin pu vivre ensemble, il passait ses journées dans un fauteuil près de la fenêtre à regarder dans le vide et à fumer sa pipe. Quand le repas était prêt, il venait manger en silence. Et quand je voulais parler, il disait : « Chez moi, avec mes parents, mon père avait une casquette et quand on voulait parler à table, il prenait sa casquette et il tapait sur la table : on devait manger en silence. »

Alors il mangeait en silence. Mais il était nouveau pour moi, ce grand silence de la vieillesse.

Je ne l'avais jamais entendu parler de son fils. Il avait toujours respecté le chagrin de Marthe, mais il voulait qu'elle oublie. Comme je devais oublier moi aussi :

— T'en fais pas, mon coco, va de l'avant, regarde devant toi, tout va bien aller, tu vas étudier... Le passé, il faut le laisser où il est.

— Eh ! grand-père, attends ! Regarde ! Je l'ai gardée ! La boussole, je l'ai !

— Oh ! T'as encore ce petit machin-là...

Comme si elle n'avait pas d'importance, cette petite chose luisante d'avoir été transportée dans ma bouche pendant des années, sur des milliers de kilomètres.

— Tu viendras me voir ?

— Oui... oui...

Mais il n'a pas pu le faire avant longtemps. Les deux femmes chez qui j'allais atterrir ne voulaient pas de lui et de sa « mauvaise influence ». Grand-père était une sorte d'anarchiste, qui ne fréquentait ni les curés ni l'église, il n'était pas du tout le bienvenu dans la nouvelle éducation qui m'attendait. Une enfant sauvage qu'il fallait dresser et rendre à la société.

11

UN RAT DE COMPAGNIE

Léontine et Sybil m'ont accueillie dans leur maison proprette et impeccablement cirée avec bon cœur mais une évidente circonspection. Un œil sur ma musette, un autre sur mon cou.

— Qu'est-ce que t'as là-dedans ?

— Des biscuits.

— Et ça ?

— C'est mon petit Dieu.

— Oh, non, non. Ça, ce n'est pas possible !

Elles m'ont enlevé le bouddha vert.

Il n'y avait qu'un Dieu qui soit « possible », le leur. Mais j'étais accrochée à ma musette, bien décidée à ce qu'on ne me la prenne pas.

— C'est dégoûtant, regarde comme c'est sale, on va te la laver.

— Oui, mais pas aujourd'hui !

— Bon... on la lavera plus tard.

La musette sale leur semblait moins grave que le petit bouddha. Et j'ai eu le temps de dissimuler mes couteaux, ma boussole et mes étoiles.

Le lendemain, la musette était lavée, et ne ressemblait plus à rien. Elle est restée accrochée à ma chaise, défigurée par son aventure, et vide, jusqu'à ce que je l'utilise pour transporter des cahiers.

Je changeais mes trésors de cachette tous les jours. Sur le lit, très haut, il y avait deux matelas superposés et une couverture, ce qui me permettait d'utiliser l'espace entre les matelas pour cacher mes couteaux. Je disposais au premier étage d'un petit lavabo, d'une fenêtre donnant sur un jardin minuscule, et d'une armoire dont le tiroir du dessous était réservé à mes affaires. Elles m'ont donné des petites camisoles, une jupe, un tricot, des culottes, une robe pour la nuit avec des manches longues dans un tissu à fleurs, et un col ridicule. Tout cela n'a pas été fait en un soir.

Pour les chaussures, je posais à ces dames un sérieux problème. Elles avaient examiné mes pieds avec intérêt, sans trouver d'explication à leur morphologie.

— Mon Dieu ! Qu'est-ce que c'est que ça ! Tu n'as pas mal ? Elle doit avoir eu une maladie... Qu'est-ce que tu as eu ?

— J'ai marché longtemps.

— Non, non... c'est une maladie !

Je crois bien qu'elles ont évoqué la poliomyélite, mais je ne suis pas certaine de mon souvenir sur un mot aussi compliqué. Donc j'avais une déformation due à une maladie, et comme j'avais continuellement mal, j'ai d'abord hérité d'une paire de sandales à ma taille, mais trop étroites pour y contenir mes doigts de pieds. J'avais pris l'habitude de les crisper pour ne pas me faire mal, et au fil du temps, ils étaient devenus difformes. J'arrivais bien parfois à les étirer, et à les remettre droits, mais dès que j'étais pieds nus ils reprenaient leur allure de pattes recourbées. Et cette corne sous la plante, une vraie semelle !

Les deux demoiselles, ne sachant quoi faire de ces pieds d'orpheline, ont été obligées de me faire fabriquer des chaussures sur mesure.

J'ai subi une opération, des années plus tard. Il a fallu, entre autres tortures, mettre une tige de fer dans le gros orteil tellement il était écarté des autres, comme si j'avais un sixième doigt. C'était pratique pour grimper, s'agripper, mais dans la vie courante...

Entre-temps, dès ma majorité, j'ai choisi des talons d'une cambrure très haute qui obligeait mes orteils à se tenir à plat. Au prix d'une souffrance diabolique lorsque je retirais mes chaussures, car les tendons étirés reprenaient leur place.

Mais chez Léontine et Sybil, il n'était pas question de chausser des talons, j'ai eu des sandales plates. Et je marchais comme un robot, assez lourdement.

Le premier soir, alors qu'elles voulaient me mettre au lit, j'ai été prise d'une terreur folle, qui, pour elles, n'avait pas de sens. Elles venaient de mettre une couverture sur moi.

— Enlevez ça ! J'en veux pas ! Ça pue la mort.

Et j'étais recroquevillée contre la tête de lit, je repoussais de toutes mes forces cette chose râpée, incolore, qui sentait réellement la mort pour moi. Je pouvais la reconnaître entre mille cette odeur-là. Il y avait eu un cadavre là-dedans.

— Ça sent le mort !

— Mais non ! Léontine, d'où vient cette couverture ?

— Du *home* de vieillards, mais elle a été lavée...

Lavée ou pas, ça puait la mort, et elles ont dû me donner une couverture de leur armoire personnelle. On m'a expliqué le brossage des dents, avec une poudre blanche, montré les toilettes au rez-de-chaussée, ce qui ne m'a pas empêchée de passer par la fenêtre, et de sauter dans le jardin pour y faire mes besoins.

De toute façon, je leur en voulais de m'avoir volé le petit bouddha de Mouton. Il m'allait très bien comme Dieu. Je n'ai parlé de ma véritable différence avec elles que lorsqu'elles m'ont contrainte à faire des prières, et à aller à l'église.

— Mais je suis juive !

— Mais non. Tu t'appelles Monique...

— Mishke ! Je m'appelle Mishke !

Il n'y avait rien à faire. La maison communale avait fourni des informations sur l'orpheline que j'étais, de plus j'étais blonde : pour elles, je ne pouvais qu'être belge et catholique.

J'ai beaucoup pleuré ma mère durant cette période d'apprentissage. Le petit bouddha était mort, disparu. Ces deux femmes voulaient me laver, m'instruire, me discipliner, m'arracher ma peau de loup. Leur monde était rétréci, incompréhensible pour moi, et mes parents me manquaient terriblement. Ce petit jardin, avec ses deux pommiers solennels, au milieu d'une tache d'herbe, je ne pouvais rien en faire. Ma liberté volée me serrait la gorge. Elles m'enfermaient la nuit dans ma chambre, pour que je n'aille pas voler de confiture dans le placard de la cuisine, ou pisser dans le jardin. J'étais bien nourrie, du bon pain, du lait chaud, de la viande, pourquoi aurais-je volé des confitures ? Je devais tout apprendre.

Ces demoiselles célibataires et institutrices ne demandaient qu'à m'aider, mais nos mondes étaient trop éloignés.

J'avais officiellement dix ans, en réalité trois de plus. Mon niveau était cependant celui d'une enfant de huit ans. Je lisais en ânonnant, lettre par lettre, j'écrivais à peine, je comptais sur mes doigts, et à part certaines notions de géographie que l'on n'apprenait pas en classe, j'ignorais tout. Mais ce désert a vite été comblé. Elles me faisaient travailler tous les jours, dans une pièce à côté de ma chambre, sur une table immense. Je n'ai jamais revu de table aussi grande. Léontine travaillait, Sybil travaillait et je travaillais.

Elles corrigeaient leurs copies, pendant que je m'efforçais à l'écriture convenable des lettres puis des mots. Elles passaient très vite d'une discipline à l'autre. Lire, écrire, compter et réciter de petites fables par cœur. Leur technique était de me lire des contes, puis de me les faire lire, et enfin recopier, mot après mot. J'avais une faculté d'apprentissage assez remarquable, une excellente mémoire, et je faisais de rapides progrès scolaires. Seule l'adaptation sociale restait impossible. J'étais brutale, impulsive, violente parfois, et je me rebellais sans cesse. Lorsque je suis tombée sur *Le Petit Chaperon rouge* j'ai piqué une colère mémorable en jetant le livre à travers la pièce et en les traitant de folles !

— Pourquoi fais-tu ça ?

— Mais c'est de la blague, ça ne ressemble à rien !

— Comment ?

— Un loup qui mange les enfants, ça n'existe pas ! C'est pas vrai !

— Mais c'est un conte !

— Mais je m'en fiche, je ne veux pas, c'est pas vrai !

— Bon, calme-toi, on va prendre autre chose.

J'ai eu droit au *Petit Poucet*... à *L'Oiseau bleu*, que j'aimais bien... et *La Belle au bois dormant*... je savais tout par cœur. Ensuite, j'ai reçu un petit dictionnaire.

— Quand tu sauras tout ça, tu seras très savante.

J'adorais ça. Je passais d'un mot à un autre, je réfléchissais sur le sens, je posais des questions par centaines. J'avais encore énormément de mal à faire des phrases construites. J'utilisais un langage parlé depuis trop longtemps, avec un vocabulaire réduit, et comme elles m'avaient promis que si je rattrapais mon retard, je pourrais aller à l'école, dehors... j'ai dévoré les étapes. J'avais hâte d'écrire. Je pensais que si je n'écrivais pas j'allais oublier. Et je ne voulais pas oublier. Ce pauvre mourant me l'avait dit : « N'oublie pas »...

Les demoiselles ne posaient pas de questions sur le passé. Je ne devais pas être juive, mes parents étaient morts, on ne voulait pas savoir comment. Léontine et Sybil étaient « mariées avec Dieu », elles m'avaient expliqué ainsi leur célibat. Dieu revenait sans cesse, au déjeuner, au goûter, au souper, et je trouvais ce mari terriblement envahissant.

— Mais je suis juive ! Ma mère était juive...

— Mais non.

Elles avaient un frère curé, et leur discours était fermement tourné vers mon avenir : « Tu iras à l'école, tu deviendras institutrice et tu gagneras ta vie. »

Je suppose qu'elles avaient envisagé par la même occasion de me faire entrer au couvent, mais elles ont dû très vite y renoncer.

Et je suis entrée à l'école des institutrices, vers l'âge de seize ans, avec des culottes de coton descendant au genou, une jupe de laine, un corsage boutonné jusqu'au cou, et des sandales plates. J'étais hideuse. Je le savais, je parlais toute seule, le soir dans ma chambre, car je n'avais pas encore acquis la faculté d'écrire aussi vite que je parlais. Ces culottes d'un autre âge me rendaient folle. Je les ai enlevées devant toutes les filles et balancé dans la cage d'escalier de l'école. On fait la révolte qu'on peut. Hélas, elles en ont racheté, et j'ai eu droit au sermon sans cesse répété qui fustige les filles de mauvaise vie !

J'ai parlé aussi de rouge à lèvres, les autres en portaient et je trouvais ça joli.

— Des filles avec du rouge sur les lèvres ? Oh ! mais c'est dégoûtant !

— Vous voulez que je vous raconte quelque chose de dégoûtant ? Vous voulez que je vous dise ce que j'ai vu ?

— Oh non ! Tu ne dis que des horreurs !

Les deux demoiselles ne sont là que pour me sermonner, m'éduquer, faire de moi quelqu'un de bien. Je m'interroge. Alors, je ne suis pas bien ? Pourquoi personne ne s'intéresse à ma souffrance ? Pourquoi me maintient-on dans la laideur alors que les autres filles ont de jolis vêtements ? Certaines se maquillent et moi avec ma gueule pleine de trous on ne le permet pas. Mes pieds affreux, mes jambes fortes, mes cicatrices partout, et les cheveux ! J'oubliais les cheveux, des horreurs minces et fines qui se dressent sur ma tête et que je ne parviens pas, même en les mouillant, à aplatir. Je suis un désastre et, au lieu d'essayer de m'arranger, elles me couvrent de ridicule. Voilà qu'un jour c'est un chapeau ! Je refuse. Il n'y a rien à faire. On me l'enfonce sur le crâne. Aucune des élèves n'a de chapeau, alors je déclare que si le vent l'emporte je ne courrai pas derrière.

Je me tiens droite, je tourne le coin de la rue et le vent se prend dans le rebord du couvre-chef et l'emporte. Sybil a couru derrière, mais j'ai obtenu de n'en être affublée que pour aller à l'église. Encore un mystère, cette église, la maison de Dieu, il n'y est qu'en esprit fantôme, et je ne veux pas d'eau bénite ! Je suis juive ! N'empêche, on m'y plonge la main, je dois apprendre les prières, réciter par cœur des textes auxquels je ne crois pas. Je le dis, je me révolte, j'irai donc en enfer ! Alors on me travaille au chantage :

— Si tes parents qui sont au paradis te voient, que vont-ils penser ?

— Vous savez, vous, qu'ils sont au paradis ?

— Certainement, nous le savons !

— C'est où ?

— Dans le ciel.

— Et comment on arrive là-haut ?

— En priant, en ayant la vraie foi et en étant obéissante.

— Qu'est-ce que la foi ?

Je pose trop de questions. Alors je prie ce qu'on veut, et j'obéis, moi la petite louve. Je commence l'apprentissage des grimaces humaines. J'apprends l'hypocrisie en douceur.

Le professeur d'histoire m'a dit : « *Celui qui sait obéir sait commander* » !

Et moi je veux commander, alors j'obéis.

Je suis devenue chef de classe, mes études ont pris une autre tournure. J'ai dévoré les livres.

Il fallait que je puisse m'exprimer autrement qu'avec mes poings, je devais faire face à un monde que je ne connaissais pas, qui m'était imposé avec des limites de territoire insupportables. Je pleurais le soir ma souffrance passée, et le naturel revenait au galop, comme elles disaient avec désespoir à chaque incartade.

— Tu as encore sauté par la fenêtre et fait pipi dans le jardin !

— Mais je faisais cela avant !

— Avant tu étais une sauvage ! Un être perdu, presque un animal.

— Mais c'est bien, un animal !

— Non, l'homme est supérieur, on ne peut pas se conduire comme cela !

L'homme supérieur m'emmerdait et j'enrageais dans mon coin, le soir, les genoux au menton dans ce lit trop douillet, avec un crucifix au-dessus de ma tête, qui me faisait peur. Je trouvais terrible cet homme cloué sur une croix : encore une histoire d'humains qui prenaient plaisir à faire souffrir.

Grand-père ne venait pas me voir, elles méprisaient ouvertement son anticléricalisme, et comme j'avais un tuteur officiel, il ne s'est pas senti le droit d'intervenir.

Il estimait aussi, et il avait probablement raison, que j'avais grand besoin de devenir une jeune fille convenable, indépendante, et qu'il serait toujours temps pour moi de vivre ma vie à ma guise quand je la gagnerais. En attendant, j'étais nourrie, logée, éduquée, je passerais un concours qui me permettrait d'être institutrice, en tout cas de m'occuper d'enfants.

J'ignorais complètement qu'il existait des organisations juives, et que j'aurais pu m'y réfugier, chercher des renseignements sur mes parents, retrouver ma mémoire ancienne, peut-être... il n'était pas si tard malgré les traumatismes.

Mais personne n'a même évoqué leur existence devant moi, personne ne m'a donné d'espoir. Ces braves gens qui recueillaient ainsi des enfants perdus les élevaient souvent en fonction de leurs propres critères religieux. Beaucoup d'entre eux en avaient sauvé pendant la guerre.

Il y avait aussi chez eux cette volonté de ne plus penser à cette guerre, de tout reconstruire, d'oublier, de ne pas fouiller dans le passé des autres, au risque d'y découvrir une vérité qui n'avait pas été celle de tout le monde. Les dénonciations, les rafles, le mépris, les trahisons, la haine de ce qui est différent.

Je crevais d'envie de laisser une trace de ce que j'avais vécu.

La rage et la souffrance de ne pas être comprise étaient pires à supporter que ma longue histoire de guerre personnelle, car personne n'en voulait.

J'ai tenté de me venger. Puisqu'on voulait faire de moi une catholique, que ma vie n'avait pas d'intérêt, je n'irais plus à l'école !

— Je suis malade.

— Mais tu n'es jamais malade...

Les professeurs en savaient quelque chose. Ils n'avaient jamais vu une force comme la mienne, j'étais capable de me retourner d'un coup pour frapper si quelqu'un arrivait dans mon dos. Personne ne me cherchait plus de crosses, pas même eux. Ce qui m'est arrivé sous leurs yeux les a beaucoup impressionnés.

J'ai fermé les yeux, et je suis tombée raide sous le nez d'un professeur. Paralysée.

Je l'avais sciemment décidé, et j'ai même résisté aux stimulations de l'aiguille d'un médecin. Aucun muscle n'a frémi. Ma tête le voulait, mon corps obéissait. À l'époque, dans les années cinquante, on ne parlait pas du pouvoir de l'esprit sur le corps. J'avais cette faculté, cette volonté inhumaine d'ignorer la souffrance physique de mes jambes et de mes pieds. J'en avais fait l'expérience seule, tout au long de mon odyssée. Lorsque la douleur était trop forte, je savais la maîtriser. De même pour la faim, le froid et la soif. Cette force mentale m'a servi ce jour-là à immobiliser mes jambes. Je suppose que j'avais fait exactement la même chose pour surprendre l'assassin allemand jusqu'à l'instant où j'ai bondi sur lui avec mon couteau. La peur et la haine avaient dû provoquer ce comportement. Cette fois, c'était pour me débarrasser de trop de contrainte et d'humiliation.

Je fermais les yeux pendant que l'aiguille du médecin stimulait mes muscles, je leur ordonnais de ne pas frémir, et j'ai réussi.

Plus tard dans ma vie, cette résistance à la douleur m'a joué de mauvais tours, dans la mesure où j'ai négligé de graves problèmes de santé.

J'ai eu droit à des vacances de repos au lit, sans messe le matin, sans école. Les deux demoiselles affolées comme des oiseaux ne savaient plus que faire. Elles m'ont donné un carnet pour que j'y écrive ce que je voulais :

— Puisque tu sais bien écrire maintenant, profites-en pour faire une rédaction...

Le frère curé était supposé me tenir compagnie l'après-midi, pour que je ne reste pas trop seule lorsqu'elles allaient enseigner à l'école. Cela m'a pris du temps, avant de tourner la première page de ce petit journal et d'y écrire, en phrases courtes, ce que j'avais vécu. Et j'en ai rempli des pages...

Je suis partie en passant par le pont... Les loups m'ont donné à manger... Marek est mort, il a dit de ne pas oublier... j'ai cherché mes parents à Varsovie... Misha m'a donné un couteau...

J'émaillais ce récit encore laborieux de petites choses vécues depuis que j'étais cloîtrée dans cette maison. Des considérations sur la musique que Léontine voulait m'enseigner, sur la géographie dont je connaissais, et pour cause, bien autre chose que l'enseignement de l'école.

La seule anecdote à mon avis sans grand intérêt m'a valu la perte de ce premier essai :

Le frère curé me trouve de belles dents et de jolies lèvres, il me caresse les épaules, il dit que ma poitrine est ronde, et il aime bien ça !

Ce carnet, c'était l'œuvre de ma vie, le long chemin parcouru avant mon arrivée chez elles, puis l'école, le curé qui aime bien s'asseoir près de moi... Il ne devait contenir qu'une quinzaine de pages. Il résumait l'essentiel, maladroitement, mais je m'attendais à ce que l'on me pose des questions, auxquelles je pourrais ou non répondre... ou tout simplement qu'on me dise : « Alors, tu es vraiment partie à la recherche de tes parents ? »

Et aussi qu'elles me considèrent autrement qu'en gamine mal élevée, une épave ramassée dans la rue à redresser de toutes les manières. J'espérais une réaction positive en tout cas. Pas des hurlements. Un déluge d'insultes me tombe sur la tête !

— Comment oses-tu ? C'est un tissu de mensonges ! Un torchon ! Tu devrais avoir honte !

— C'est de l'invention pure et malsaine ! Tu te rends compte, Léontine ? Cette fille a l'âme plus noire que l'enfer !

Outragées, Léontine et Sybil ont déchiré le carnet et brûlé mes loups, Marek, Misha, dans le poêle allumé tout exprès. Elles brûlaient surtout les pauvres frasques du curé, mais dans leur hystérie de vieilles filles, elles ont brûlé aussi ma vie, mon enfance, ma souffrance qui cherchait à se libérer d'un poids si lourd.

Je n'avais pas évoqué, dans cette rédaction maladroite, les cris d'une jeune fille, le sang d'un Allemand sur mon couteau. J'avais trop peur d'être considérée comme une criminelle et qu'on me jette en prison. Ma prison, c'étaient mes cauchemars. Mais pour elles ma vie était un « torchon ». Elles affectionnaient ce mot et l'utilisaient souvent à mon propos.

J'ignore si elles avaient cru aux attouchements de leur frère – en ce temps-là on ne parlait pas de « ces choses » – mais on ne l'a plus beaucoup vu chez elles. Pourtant, le pauvre curé, avec ses velléités de sexualité refoulée, ne m'avait pas fait grand mal. Il m'avait même fait rire, le pauvre homme ! De jolies lèvres ? Je savais bien que non, et celui qui m'attraperait dans ce piège cousu de fil blanc n'était pas encore né. Je me sentais si laide ; tout le monde me regardait. Je ne le montrais pas, mais j'avais peur des autres, je ne les « sentais » pas comme je sentais les animaux. Je les trouvais ridicules, pleurnichards au moindre bobo. Lorsque je suis devenue jeune fille, par exemple, je n'y ai prêté aucune attention particulière et n'en ai rien dit aux demoiselles. Je saignais ? Et alors ? J'avais tellement saigné ! Sybil s'en est aperçue, et a voulu m'informer avec précaution de mon nouvel état de jeune femme, me tranquilliser, savoir si j'avais mal...

Quel tintamarre pour un peu de sang ! Et quelle méchanceté gratuite, quelle hypocrisie d'avoir détruit le petit carnet de mes souvenirs.

J'ai remarché quand je l'ai voulu, au bout d'une quinzaine de jours. Je n'avais plus confiance en elles, je ne rêvais que de fuite, d'évasion, hélas la seule évasion possible consistait à passer ce maudit concours d'institutrice et je devais pour cela assumer trois années d'études supplémentaires en une seule. On appelait ça le « jury central ».

J'étais si incontrôlable, si difficile, qu'elles m'ont mise en pension dans un couvent, toujours avec pour tuteur un curé. J'étais en prison dans ce couvent entouré de hauts murs. J'occupais une chambre au dernier étage, réservé aux étudiants. Les études étaient gratuites, mais je payais le loyer en travaillant pour les sœurs. Le premier et le deuxième étage abritaient des vieillards. C'était un hospice à bon marché où les couloirs empestaient l'urine. Je recevais en « donation » des vêtements usagés, des loques. Ma garde-robe n'était pas celle que j'aurais souhaitée, moi qui adorais les couleurs et voulais vivre à n'importe quel prix.

Une heure de permission, libre, par semaine, me consolait de la visite dominicale obligatoire chez les deux demoiselles.

J'ai dû apprendre à marcher seule dans la rue. La première fois, j'étais à la fois heureuse et paniquée. J'ai d'abord visité tous les espaces verts de la ville, guidée par un vague souvenir de mon père me tenant par la main dans l'un de ces parcs. Je n'ai pas su lequel c'était. Ensuite, j'ai tenté des sorties avec les autres filles, pour admirer les vitrines, et m'adapter à cette foule qui me faisait toujours peur.

En définitive, j'apprenais une nouvelle solitude, celle des villes où je me sentais seule à crever au milieu des autres. Je trouvais cette existence bien plus dure que la forêt, le vent, la neige, le froid ou la chaleur. Et les humains laids. Si j'avais pu avoir des animaux pour compagnie dans cet enfer humain, j'aurais mieux résisté au choc. Alors j'ai adopté un rat. Il venait dans ma chambre par la buse du chauffage qui montait au travers des plafonds du couvent. Quand je l'ai aperçu, j'ai agrandi le trou dans le plancher et j'ai déposé du fromage volé à la cantine, pour mon nouveau compagnon. Il est devenu vite un beau gros rat bien nourri, et j'ai dû agrandir encore le trou pour qu'il puisse passer. Je lui parlais comme jadis je parlais au monde libre de la forêt et cela me tranquillisait le soir. Lorsque j'étais au lit, il venait sur la couverture se lisser la moustache, assis sur son derrière. Avec l'index, je lui chatouillais le ventre et il émettait de petits cris, que je traduisais : « Je suis bien avec toi. »

Il était mon seul apaisement, mon seul réconfort. Je courais dans ma chambre en sortant des cours, je jetais mes livres sur la table, pour m'agenouiller près de la buse et l'appeler :

— Moshé ? Moshé ? Petit prince, viens au fromage !

J'entendais des grattements et sa jolie tête apparaissait. Je l'observais avec ravissement tandis qu'il grignotait. Il me consolait à lui seul du monde des humains. Plus tard, au cours de ma vie, j'ai eu toutes sortes de compagnons. Des chiens et des chats, mais aussi un serpent, des sconses, des opossums, des biches, des blaireaux, des oiseaux. Je ne peux plus vivre sans eux.

J'ai soupçonné sœur Marie quelque chose, au petit visage rond et rouge, d'avoir empoisonné Moshé. Je lui ai lancé un plateau à la tête en hurlant que je ne voulais pas être catholique !

Et un jour de vacances, au lieu de me rendre chez les demoiselles, j'ai prétendu qu'il y avait des cours.

Je suis partie à la recherche de mon enfance, de mes parents disparus. Je ne les voulais pas au ciel comme on me l'affirmait sans cesse. Je ne voulais pas de cet « ange » qui prétendument me protégeait à leur place. Je voulais ma mère, ses cheveux, son parfum, je voulais mon père qui m'appelait sa « beauté ». J'ai cherché l'école, les rues, une maison avec un balcon, je n'en ai rapporté que deux photographies d'inconnus, probablement disparus eux aussi dans les rafles de cette époque maudite. Ils m'ont servi de souvenir. Souvent, je les contemple en passant devant leur cadre. Une femme et un homme, des inconnus, mon mémorial personnel que je fleuris chaque jour. Si d'autres les ont oubliés, ou sont morts avec eux, j'ai donc survécu aussi pour les honorer.

12

AU LOIN L'AMÉRIQUE

Je me suis présentée à l'hôtel de ville pour faire rectifier mon identité. Je m'appelais Mishke et, depuis mon arrivée chez les demoiselles, je ne répondais pas au prénom de Monique. Elles avaient opté pour Monikou, ce qui ne m'allait pas mieux. J'ai dit au fonctionnaire :

— Bonjour, voilà, Monique Valle, ce n'est pas mon nom, je voudrais que l'on m'inscrive sous le nom de mes parents !

— Ah oui ? Et comment ils s'appellent ?

— Gerusha et Reuven...

— Mais quel est leur nom de famille ?

— Je ne sais pas.

— Mais tu as un nom ?

— Oui, mais ce n'est pas le mien.

— Écoute... tu as un nom marqué ici. Qu'est-ce que tu veux de plus ?

— Ce n'est pas le mien !

— Ça, mon petit, on n'y peut rien. Allez... Ne te complique pas la vie, tu as un nom, garde-le !

J'y suis retournée une autre fois, ils ont dû me prendre pour une folle. Alors je me suis dit que les noms de famille, finalement, ce n'était pas important.

J'ai fabriqué ma petite carte d'identité personnelle. Mishke fille de Gerusha et Reuven, née un 12 mai 1934. J'avais décidé de garder le 12 mai, j'imaginais que ceux qui avaient fait les faux papiers m'avaient au moins laissé ça. Et que le M de Monique était là pour rappeler Mishke. Quant à Valle, je considérais que c'était surtout le nom du grand-père, donc je m'en contenterais.

J'ai réussi l'examen, raté une première fois à un point près, récupéré ensuite.

Mais je ne me voyais pas institutrice à vie. Ce que j'enseignais aux enfants n'était pas dans les livres académiques. Je les emmenais en promenade, je leur racontais des histoires d'animaux, je leur expliquais le monde à ma façon et ils adoraient ma formule, mais elle ne plaisait pas aux adultes. Je ne supportais plus ce couvent qui voulait régenter ma vie de femme. Je suis allée voir grand-père, interdit de visite au couvent. Il vieillissait seul dans un petit logement. Mais la liberté était toujours aussi sacrée pour lui :

— Vis ta vie, pose tes hardes, tu auras toujours un matelas ici.

L'hébergement n'a duré qu'une semaine. La chance m'a souri pour la première fois. J'ai trouvé un emploi dans une compagnie maritime, et promis à grand-père que dès que je serais « riche », nous vivrions ensemble.

J'étais majeure et, bien au-delà, je suis partie à l'aventure pour échapper à ce monde trop étroit et confiné dans des principes qui n'étaient pas les miens. J'ai choisi le monde.

J'ai embarqué à bord d'un bateau qui faisait la navette entre la Belgique et le Congo. J'étais hôtesse, chargée de surveiller les enfants à bord le temps de la traversée. Je gagnais ma vie, libérée de la protection étouffante du couvent, j'avais un bon salaire, un logement bien à moi, et même si j'ignorais tout des tracas de la vie libre – contrat de location, factures, notes d'électricité – je me débrouillais.

Ces bateaux transportaient des agrumes, des épices, des fruits venus d'ailleurs et à l'occasion quelques passagers, de retour au pays ou en partance pour le Congo. Un monde en miniature, une ville qui flotte hors du temps. J'avais un bel uniforme, des galons dorés, un képi, des vêtements neufs rien que pour moi. Je voulais faire de ma liberté nouvelle une pluie d'étincelles, oublier le malheur qui me collait à la peau et jusqu'au souvenir de ce malheur. Je mordais dans la vie, j'étais la vie. Cette période fut une explosion. Je voulais tout. Faire la fête, rencontrer des hommes, boire, m'amuser, danser. J'ai fait tout cela à l'excès, je vivais comme un marin, une fête à chaque escale.

Ce gros bateau de fer, qui sentait les épices, m'emmenait jusqu'au port de Matadi, dans l'ancien Congo belge, à l'embouchure du fleuve appelé aujourd'hui Zaïre. C'était au cœur de l'Afrique, un pays au parfum puissant d'animal sauvage, et je l'ai aimé.

Personne pour me conduire sur le quai, personne qui m'attende au retour, alors, entre chaque escale, j'ai continué de faire ce que j'ai toujours fait, me parler à moi-même, parler aux nuages, aux animaux. Mais à présent j'écrivais. Mes carnets noirs m'accompagnaient partout, je gribouillais même sur des cartons de bière. Et dès que possible je filais faire la fête avec les marins dans un bar de Matadi, le *Guest House*. Souvent, le commandant me disait gentiment :

— Souvenez-vous que vous êtes une fille !

Et il s'arrachait les cheveux quand j'allais boire et faire le coup de main avec l'équipage ; les tabourets volaient, les aviateurs en poste à Kamina se faisaient rosser par nos marins, ou vice versa, et on revenait à bord pour panser plaies et bosses.

— Je ne peux pas vous interdire de descendre à

terre, disait le brave commandant, mais diable, vous êtes une femme !

Je buvais tout, rhum, bière, cognac, whisky, et certains matins je me réveillais dans ma cabine la tête au pied, sans savoir comment j'y étais arrivée. Mais je n'étais plus soûle de malheur. Je ne voulais ni déprimer ni pardonner. Et lorsque j'enfilais une robe éclatante pour sortir, je disais :

— Ce soir, je m'habille pour tuer !

Tuer les hommes : les séduire, les mettre à ma botte, et les jeter comme un mouchoir. C'était ma dépression personnelle.

Lorsque je revenais en Belgique pour retrouver grand-père, je n'essayais même plus de lui demander si je ressemblais à ma mère. Chaque fois que je commençais une phrase, il levait la main comme pour s'en protéger :

— Oublie, avance, ne regarde pas derrière toi.

J'ignore s'il savait quelque chose sur mes parents, mais je ne le crois pas. La dernière année de son existence, nous avons vécu ensemble comme je l'avais promis. Je cherchais à acheter un petit appartement, et il avait dit : « J'ajouterai ce qui manque. »

Il l'a fait. J'ai pu acheter un appartement grand comme un mouchoir de poche. J'ai eu le sentiment qu'il remplaçait, à l'aide de ses économies de retraité, l'enveloppe que la dame en noir avait donnée en échange de ma protection.

Il était devenu vraiment mon grand-père, il ne le disait pas, mais il m'aimait plus que n'importe qui d'autre. Et lorsqu'il s'est éteint un triste soir d'hiver, dans son lit, j'ai fait comme il l'avait demandé : « Je ne veux personne à mon enterrement. »

Je ne suis allée au cimetière qu'une fois pour l'accompagner, et je n'y suis plus jamais retournée. Je hais les cimetières – mes parents n'ont pas de tombe, et je préférai mettre des fleurs près de son portrait à côté de « son fauteuil » plutôt que d'aller pleurer dans un endroit de sinistre mémoire pour moi. Je le voulais vivant avec son sourire malin sous sa grosse moustache. Je l'entends toujours me dire : « Saute ! N'aie pas peur d'avoir peur ! »

À Matadi, les Noirs des villages ont déferlé sur la ville blanche et il y a eu une si grande panique que les Blancs se sont enfuis sans pouvoir échapper au massacre.

La chance ne me souriait plus. Chacun de nos voyages ramenait dans nos cales des morts rapatriés en terre belge. La guerre de nouveau, l'angoisse qui ressurgissait avec la haine dans les yeux des matelots noirs. Le vent de l'aventure venait de tourner et, un matin, après une dernière nuit de folie et d'alcool, je me suis regardée dans la glace et je me suis dit :

— C'est fini. L'oubli n'existe pas dans un verre de whisky ni dans le désir des hommes. « On » recommence, « on » change de direction.

Et je n'ai plus avalé une goutte d'alcool de ma vie.

J'ai dû renoncer à mon gagne-pain pour cause d'indépendance du Congo et mettre pied à terre pour en trouver un autre. J'ai voulu me marier, avoir une famille. Je me suis trompée d'homme, d'amour et de famille. Il était juif séfarade, et il m'avait épousée sans amour, pour profiter de mon appartement. Ma seule famille fut donc le fils qu'il m'a laissé sans trop de regrets, et je ne l'ai plus revu.

J'ai élevé mon fils avec ce que je savais de la vie. Je ne supportais pas que quelqu'un d'autre le prenne dans ses bras lorsqu'il était bébé. Je voulais qu'il porte mon odeur, pas celle d'un autre humain. Je lui ai appris à ne pas avoir peur de rester seul quand je travaillais pour nous deux. Je lui ai dit que le monde pouvait se découvrir à pied, à cheval ou en voiture, et qu'une mère protégeait son petit jusqu'à ce qu'il décide de partir. Lorsqu'il a grandi, c'est ce qu'il a fait. Il est aussi résistant que je l'étais, voire plus, aussi aventureux et intrépide ; il vit loin de moi, il a sa meute, comme il est de rigueur pour un jeune loup. Un jour, je lui ai demandé s'il ne souffrait pas sans son père génétique. Il a répondu : « Mon père, c'est l'homme qui m'a élevé et qui a pris soin de moi. »

Cet homme, je l'avais rencontré alors que mon fils était encore enfant. Maurice est mon mari et le père de mon fils depuis plus de trente ans.

Il a bercé mes cauchemars, car je ne parlais toujours pas de mon enfance, et j'en hurlais parfois la nuit. Je lui ai tout raconté des frasques de ma jeunesse avide de vivre, mais il devinait que ce tout avait des racines invisibles.

— Parle... dis-moi ce qui ne va pas...

J'avais confiance en lui, il me ressemblait dans la mesure où il n'avait besoin de personne d'autre que nous. Il aimait les animaux, et s'occupait de moi comme l'aurait fait un père ou une mère, et pourtant il est plus jeune que moi. Il avait la sagesse du grand-père, les attentions de Marthe. Il réglait tous les problèmes, je pouvais enfin me reposer, ne plus lutter et m'endormir dans ses bras, il me berçait comme un enfant :

— Raconte ton cauchemar.

Mais je résistais encore. L'amour d'un être humain, c'était l'inconnu pour moi qui n'avais jamais rien eu de semblable. Il me trouvait belle, il cherchait à me donner confiance en moi, et belle je l'étais certainement devenue à cet âge, mais je ne le pensais pas. Je ne voyais que mes cicatrices, mes mauvais pieds, ma sauvagerie. Je l'ai mordu plus d'une fois, en guise d'argument dans nos discussions. J'avais gardé en moi cette violence animale. Les humains n'étaient pas tous haïssables, il voulait que je l'admette. Mais c'était me demander beaucoup à cette époque.

Je vivais tout à retardement et d'un bloc : l'enfance, ma jeunesse et ma vie de femme. J'étais réellement amoureuse, et dès qu'il était absent j'allais mal. Je voulais sa présence continuelle et le soir l'apaisement de m'endormir près de lui, de me sentir protégée. Je suis devenue dépendante sans m'en apercevoir. Mais je sombrais parfois dans le passé avec un tel désespoir que Maurice craignait terriblement ce qu'il appelait mes hauts et mes bas.

Il me suffisait de voir passer le tram 56 devenu le 103, moderne, aérodynamique, pour que la rage me revienne de ne pas savoir ce qu'était devenue ma mère. Ce qu'ils avaient fait d'elle. La nuit, je me réveillais en sueur, terrorisée : « Ses cheveux ! Qu'est-ce qu'ils ont fait de ses cheveux... » Et paradoxalement je ne la croyais toujours pas morte. Mes parents vivaient quelque part, en Russie, elle ne pouvait pas en sortir, mais elle reviendrait un jour. L'utopie me rassurait, les récits des camps de concentration m'enfonçaient dans le noir de la dépression.

Les cauchemars se sont raréfiés grâce à l'amour de Maurice, mais ils n'en restaient pas moins la mémoire brûlante et terrible de mon enfance, et le moindre affrontement avec la société ou un individu pouvait déclencher chez moi une rage incoercible que Maurice s'efforçait toujours de ramener à de justes proportions.

Nous avons déménagé, parce que des voisins avaient gravé une étoile de David sur notre porte et la boîte aux lettres. Maurice savait que j'étais capable de sauter sur un fusil dans ces cas-là. Et nous n'étions plus d'accord.

— Tu fuis, tu donnes trop d'importance à des actes imbéciles, disait-il.

Il accepte beaucoup trop des humains. Maurice est

tolérant et bon. Il traite les imbéciles par le mépris, et n'en souffre pas.

J'étais une écorchée vive incapable de ne pas répondre à la violence par la violence. Je craignais toujours le retour de l'horreur nazie, la nature humaine avait été capable de la produire, donc elle était à rejeter définitivement. Nous sommes partis nous installer en Hollande où Maurice avait un excellent travail. J'ai choisi une maison parce que notre petit chien Jimmy avait levé la patte sur ce portail, et pas sur un autre ! J'étais toujours une enfant blessée, accrochée comme à une bouée aux signes venus de ma famille animale. Ma peau d'humain ne me convenait pas. J'adorais Jimmy, en fait un infernal cabot qui nous mordait de temps en temps. Il était mon petit loup, il hurlait d'ailleurs comme un loup parfois, les deux oreilles renversées, le museau dans le vent, et je restais en extase devant ce spectacle.

La Hollande a eu le parfum du bonheur durant cinq ans. Mon fils vivait avec nous, j'avais un jardin, mes animaux, de l'espace. Nous faisions de grandes randonnées à vélo, et aussi des voyages. En Suède, en Italie, en France, en Espagne, en Israël, en Arizona parce que j'aimais le désert et la chaleur, les serpents et les scorpions, et aussi les fleurs de ce désert qui ne fleurissent qu'une nuit et meurent dès l'aube.

Je marchais toujours mal et Maurice a décidé de me faire opérer. Mes pieds, porteurs de tant de souffrance et de souvenirs, auraient dû me libérer en retrouvant un aspect normal. Mais je ne parlais toujours pas. Les cauchemars avaient diminué dans cette parenthèse de presque bonheur, mais je voulais fuir encore. Aller plus loin, quitter l'Europe pour marcher sur une terre neuve, sans souvenirs. Je voulais l'Amérique.

Petit à petit, par bribes, j'ai commencé à parler là-bas. Maurice écoutait, consolait, il me voyait aussi remplir de nouvelles pages. Il était patient, encourageant et discret. Il m'a laissée vider mon sac, poser des valises trop lourdes pour moi depuis tant d'années. Il savait maintenant quelle horreur me réveillait la nuit en tremblant de peur. La seule chose que je n'osais pas dire, toujours et encore... c'était le couteau planté dans le ventre du soldat allemand. J'avais tué, je ne parvenais pas à l'avouer, comme si j'étais moi-même une criminelle. Et qu'on allait pour cela me condamner.

Je refusais toujours de voir un psychiatre, Maurice avait pourtant réussi plusieurs fois à me convaincre d'essayer, mais j'étais toujours revenue écœurée par la médiocrité des propos tenus. On voulait que je sois folle parce que je n'aimais pas les humains ? C'était plus facile que de faire l'effort de me comprendre.

Ensuite, j'ai pris vraiment contact pour la première fois avec une communauté juive. J'avais déjà essayé en Europe, et le rabbin que j'avais rencontré m'avait demandé tout de go :

— Vous êtes certaine d'être juive ?

J'étais partie en claquant la porte. Toujours ce mur, ce vide, cette impossibilité d'être acceptée avec pour seule racine les prénoms de mes parents, pour seule justification la mémoire de mon enfance éclatée.

Ce rabbin américain m'a simplement écoutée et acceptée. J'ai pris des cours d'hébreu, retrouvé les prières de ma mère, j'ai pu parler d'elle en paix.

Mais Jimmy est mort. Mon chien, mon loup s'en est allé, le dernier lien avec mes souvenirs de Belgique. Je ne peux pas expliquer pourquoi cette mort a tout déclenché. J'étais folle de chagrin, obsédée par la disparition de cet animal, comme si je venais de perdre à nouveau mes parents. C'était bien plus qu'un deuil. J'avais déjà souffert de la mort d'un autre animal, un chat que je n'avais pas pu accompagner moi-même dans ses derniers instants. Il était mort chez le vétérinaire, loin de moi. Je ne pouvais pas supporter qu'un être aimé meure loin de moi. S'il meurt dans vos bras, c'est autre chose, vous êtes près de lui jusqu'au dernier moment, vous avez été son réconfort jusqu'à la fin. Tous les morts se rassemblaient en Jimmy. Ma mère, mon père, le grand-père et Marthe. Et tous ceux que j'avais vus, tous les cadavres de mon enfance. Je replongeais dans les cauchemars de plus belle. Le couteau ensanglanté, les enfants fusillés, Marek, je hurlais la nuit. Je grattais mes anciennes blessures jusqu'au sang, comme avant. J'ai fait seule ma propre thérapie après ce deuil, un petit film sur mon chien, pour qu'il en reste des traces, ne pas oublier. Au fond, je ne voulais rien oublier, il me semblait que l'oubli était la pire des choses, on me l'avait imposé trop souvent. Oublie le passé, oublie la guerre, oublie que tu es juive... oublie les loups et ton chien, tu en auras un autre... Non.

Comme une gamine désespérée, j'ai rassemblé en images cet amour absolu que représentait Jimmy, comme si je voulais rendre mon malheur visible par tous. Mon amour des animaux enfin accepté.

Un jour, j'ai découvert un parc régional où un homme magnifique et marginal, habité par l'amour des loups, avait décidé de les préserver et d'éduquer les gens à leur sujet. Cet homme est mort aujourd'hui, mais sa femme poursuit l'œuvre de sa vie. Grâce à lui, j'ai retrouvé l'odeur des loups, la fourrure, les bonds, la lutte et les jeux. Un bonheur inexprimable. Je leur apportais de la viande fraîche, je me régalais de les voir dévorer, de les entendre hurler, et de pouvoir de temps en temps hurler avec eux.

C'est par hasard que tout s'est déclenché. Mon rabbin de l'époque, Yocheved Helligman, m'a demandé de raconter mon histoire le jour de Yom Ha Shoa, le jour du Souvenir. Et j'ai parlé ! Bon sang, ce que j'ai parlé et pleuré ! Ensuite, j'ai été invitée à parler devant d'autres temples, dans des universités comme Brandies, Smith et Amherst, New York, et d'autres encore. Pour la première fois, j'ai parlé du soldat allemand qui venait de violer, de tuer et de cracher sur une toute jeune fille. Et qui n'aurait pas hésité à me tuer moi aussi. Mais c'était la guerre, c'était lui ou moi et j'avais la rage de survivre à tout prix. Sans oublier qu'un animal se défend contre la mort avec dix fois plus de force qu'un humain, et j'étais cet animal.

Lors d'une conférence, une femme m'a dit :

— Vous n'êtes pas une survivante de l'Holocauste... Vous n'avez pas vécu dans les camps...

Ce n'était qu'une voix parmi d'autres. Elle n'aurait pas dû me rendre malade. Mais je m'en voulais d'avoir livré au monde un récit que tous n'acceptaient pas, parce qu'il ne ressemblait pas aux autres. J'étais différente, comme toujours, ni vraiment juive ni vraiment survivante. Bien sûr, la grande majorité de mes auditeurs me soutenait, m'aidait à reprendre pied dans la vie. Bien sûr, certaines paroles qui m'ont fait souffrir étaient maladroites mais pas malintentionnées. Bien sûr, je pouvais compter sur des amis qui savent qu'aimer n'est pas envahir mais laisser respirer, qui respectent mes frontières. Pourtant, je me suis refermée, je ne voulais plus parler. J'avais cru me libérer, et ce n'était pas le cas.

Un jour particulièrement difficile, Maurice m'a dit :

— Il faut vraiment que tu parles à un psychiatre.

Je ne voulais pas. J'y suis allée contrainte et forcée, pour lui faire plaisir, et, miracle, une femme a réussi à dénouer ce nœud de souffrance invisible. Elle avait lu mon histoire, ce qui m'a facilité les choses, je n'ai pas eu à la lui raconter. À elle, j'ai pu dire toutes mes tentatives de vivre après la survie. J'ai entamé une véritable thérapie, j'ai compris par exemple que la mort de ma louve, c'était celle de ma mère, que celle de mon chien Jimmy, c'était toujours ma mère. Que je n'avais pas eu le droit de la pleurer dans mon enfance. Et qu'il était normal que, parvenue à l'âge adulte, je la cherche encore et toujours, jusque dans le cœur d'un loup.

Elle a compris que j'étais encore dans cet état d'enfance. J'accumulais les provisions, les couvertures, les chaussures surtout ! Ce qui m'avait manqué dans mon errance à travers l'Allemagne, la Pologne et l'Ukraine, j'en faisais des stocks en prévision d'une guerre improbable, mais que je craignais toujours. Je bourrais ma maison de peluches, je courais acheter un cheval de bois qui ressemblait à Jules. Je m'entourais d'objets pour combler un vide immense, tellement immense qu'il m'en donnait toujours le vertige. Je m'enfermais à double tour, alors que j'avais besoin d'espace. Je tanguais d'angoisse au milieu de la foule. Je haïssais la ville parce que je l'avais fuie trop longtemps de peur qu'on m'attrape. Je changeais de prénom comme d'autres changent de chaussures. Je marchais en m'appelant Mishke, j'ai couru en m'appelant de tous les noms qui me plaisaient en Europe. Je cherchais une identité d'oubli, sans jamais la trouver. Jusqu'au jour où j'ai choisi Misha, en souvenir de cet homme si bon rencontré en Ukraine, puis Myriam pour le rabbin, puisque Mishke en était la forme yiddish.

Je me suis donné le droit d'aimer ce que je voulais aimer. Mon mari, mon fils, mes animaux, ma solitude à l'abri d'une humanité toujours menaçante.

J'avais trouvé en Amérique l'espace nécessaire à une autre survie. Celle des souvenirs.

Rien n'est parfait. Cette survie ne m'a pas fait de cadeau, nous avons perdu notre maison, mon sanctuaire, Maurice a perdu son travail, nous avons vécu d'expédients, nous privant pour nourrir chats et chiens, oiseaux, coyotes... et loups du voisinage. J'ai tremblé de nouveau un 11 septembre, sur cette terre que je croyais inaccessible à la guerre. Fallait-il fuir encore ?

Je n'ai pas fui. J'ai recommencé à écrire et dit librement ce qu'il me restait à dire, pour une libération définitive. Mais je n'oublie rien. Ma mémoire est la leur. Mes parents ne vieilliront ni ne mourront jamais parce que je pense à eux chaque jour.

Aujourd'hui, je rêve d'avoir une terre loin du bruit et de la fureur des humains où je reconstruirai mon paradis sur terre avec des animaux, des chants d'oiseaux, dans le calme et la paix parmi les grands arbres, les sapins et les bouleaux que j'aime tant, et une maison confortable dont je ferai mon nid. Alors je bâtirai un mémorial dédié à ceux que je n'ai pas vus mourir, mais que j'ai tant pleurés.

Gerusha ma mère, Reuven mon père, ces inconnus de l'Holocauste.

Zog nit keynmol az du géyst dem letztn weg !

« Ne dis jamais que tu marches
sur ton dernier chemin. »

Remerciements

Ceux que je voudrais remercier sont trop nombreux pour être tous cités ici, mais qu'ils sachent que je ne les ai pas oubliés. Ils ont différentes couleurs de peau et différentes religions, ils sont citoyens du monde, ils sont mes frères et mes sœurs en amitié, ils se reconnaîtront.

Il y a mon patient mari, Maurice, la force tranquille, le rempart de protection, mon fils Morris Levy dont je suis si fière, amoureux du Grand Nord et de sa femme Louise, et bien évidemment tous mes autres « enfants » de fourrure, de plumes, de poils et d'écaille, qui m'entourent d'un cercle d'amour, mon monde à moi, mes amours d'amour.

Je remercie M. Bernard Fixot des éditions XO, mon éditeur, et son équipe de jeunes femmes enthousiastes pour m'avoir soutenue et encouragée depuis très longtemps dans ce dur cheminement d'ouvrir mes blessures au monde.

Il y a aussi Arlette Huygh, que je connais depuis quarante ans, mon copain Luc Herman, Margot et Daniel ; Janine Houtekier, la fidèle et généreuse ; Andrea et Stefaan Dumery, un coin de terre flamande ; Liliane et Freddy Lehman et les Bronitz, Simone et

Harry, Eric Monami, le cœur intègre ; en Hollande, les Botter, les années bonheur ; en Suisse, Eric Krauthammer. Au Canada, Véronique Kalyta, Andrée Bellavance, Andrée et Noëlline Biron, Diane Grégoire et beaucoup d'autres.

Enfin, tout particulièrement, je remercie ma très chère Marie-Thérèse Cuny, ma sœur d'épreuves ; sa sensibilité, son pouvoir extraordinaire de comprendre les autres lui ont permis de traduire les émotions violentes de haine, de rage, de peur, de vie et de mort, mais aussi l'amour des loups, comme je les ai vécus dans leur intensité première. Merci, Marie, sans toi rien n'eût été possible.

Je remercie aussi tous ceux qui de par le monde bannissent la méchanceté gratuite, la cruauté et essaient de sauver la nature et les animaux.

Misha

Faites de nouvelles découvertes sur

www.pocket.fr

- Des 1ers chapitres à télécharger
- Les dernières parutions
- Toute l'actualité des auteurs
- Des jeux-concours

POCKET

Il y a toujours un **Pocket** à découvrir

Achevé d'imprimer sur les presses de

BUSSIÈRE
GROUPE CPI

à Saint-Amand-Montrond (Cher)
en février 2008

POCKET - 12, avenue d'Italie - 75627 Paris Cedex 13

— N° d'imp. : 80253. —
Dépôt légal : janvier 2008.
Suite du premier tirage : février 2008.

Imprimé en France